湖北钱币博物馆藏品选

Collectins from the Hubei Numismatic Museum

光緒元寶
湖北省造
光緒元寶
庫平七錢二分
HU-PEH PROVINCE
7 MACE AND 2 CANDAREENS
憑票取銀元壹大元
湖北銀元局
重庫平七錢二分

湖北钱币博物馆藏品选

Collectins from the Hubei Numismatic Museum

湖北钱币博物馆
湖北省钱币学会 编

文物出版社

书名题字：黄锡全
封面设计：李克能
责任印制：张道奇
责任编辑：李克能

图书在版编目（CIP）数据

湖北钱币博物馆藏品选／湖北钱币博物馆，湖北省钱币学会编．－北京：文物出版社，2013.12
ISBN 978-7-5010-3916-6

Ⅰ．①湖… Ⅱ．①湖… Ⅲ．①古钱（考古）－中国－图集 Ⅳ．①K875.62

中国版本图书馆CIP数据核字(2013)第286721号

湖北钱币博物馆藏品选

湖北钱币博物馆
湖北省钱币学会 编著

文 物 出 版 社 出 版 发 行
（北京市东直门内北小街2号楼）
http://www.wenwu.com
E-mail：web@wenwu.com
北京燕泰美术制版印刷有限责任公司制版印刷
新 华 书 店 经 销
889×1194 1/16 印张：12.5 插页：3
2013年12月第1版 2013年12月第1次印刷
ISBN 978-7-5010-3916-6 定价：268.00元

題「湖北錢幣博物館藏品選」出版

探索中華錢幣
傳頌江漢故事

癸巳良月
戴志強

中国钱币博物馆前馆长、中国钱币学会前秘书长戴志强先生为本书题字

《湖北钱币博物馆藏品选》编委会

目录

五、民国时期铜币

金银货币

一、先秦时期金币

二、汉代金币

三、唐 宋时期金银币

四、明 清时期银币

五、民国时期金银币

六、中华人民共和国金银币

纸质货币

一、元代纸币

二、明代纸币

三、清代纸币

四、民国时期纸币

五、中华人民共和国纸币

后　记

序

在熙熙攘攘的武昌中南路街头，静卧着一座人民银行系统内较有影响的专业性博物馆——湖北钱币博物馆。今年适逢博物馆建馆十周年，嘱余作序，难以推却，聊以记略。

我与钱币博物馆的缘分始于江浙。1998年至2009年我在人民银行宁波市中心支行任职期间，宁波钱币学会的各项活动开展得如火如荼。2003年宁波钱币博物馆成立，成为当时全国六家人民银行序列的钱币博物馆之一。2010年我来人民银行武汉分行工作，又和同样成立于2003年的湖北钱币博物馆结下不解之缘。湖北钱币博物馆馆藏中国历代货币实物万余件，其中陈列展出3000余件，馆藏特色及珍品以湖北地方货币为主，奉马克思银元为“镇馆之宝”。

博物洽闻，通达古今。湖北钱币博物馆的每一件藏品身上，都铭刻着一段令人难忘的历史；每一个展柜背后，都沉淀着一段品味不尽的文化。然而，让这些历史再现、让这些文化流传的，是湖北钱币博物馆十年来孜孜不倦的耕耘与开拓。

湖北钱币博物馆坚持以钱币展示为立馆之基，开馆十年来，累计接待观众万余人，听众群体涵盖金融系统、各企事业单位员工，在校学生和社会各界的钱币爱好者。其中，既有人民银行总行行领导、湖北省委省政府领导、金融机构总部负责人，也有对中国钱币有着执着爱好的普通百姓。

湖北钱币博物馆坚持以钱币宣传为布馆特色，举办的“反假货币巡回展”、“革命根据地货币展”、“人民币反假工作成果教育展”、“湖北省金融理财文化节”、“打击经济犯罪、维护经济安全”主题咨询、模拟钱币拍卖、金融博览会钱币展示等系列活动，在社会上引起较大反响，被《人民网》、《金融博览》、《湖北商报》、《武汉晨报》、《楚天都市报》、武汉市电视台等报刊媒体相继报道，至今仍为人们津津乐道。“钱币文化讲坛”邀请到戴志强、黄锡全等国内知名钱币专家现场授课，深受广大钱币爱好者欢迎。“湖北钱币网”正式创办，湖北钱币博物馆进入武汉市博物馆地图……。

湖北钱币博物馆、湖北省钱币学会坚持以钱币研究为工作亮点，组织开展了多项钱币研究课题，在国内赢得诸多荣誉。“中国古代范铸法铸钱工艺模拟实验”获全国银行科技发展二等奖；《湖北清代民国银锭研究》、《蚁鼻钱铸造工艺研究》获武汉分行重点研究课题二等奖。在中国钱币学会举办的第四届优秀学术成果“金泉奖”中，湖北钱币博物馆和湖北省钱币学会共收获五金四银，成果斐然。

十年来，湖北钱币博物馆积极承办会议扩大影响，先后组织、承办了“中国古代范铸法铸钱工艺模拟实验研究专家鉴定会”、“楚国货币与中国古代铸造业研究学术研讨会”、“中国钱币学会第五届铜元研讨会”、“全国货币反假学术研讨会”、“《中国钱币》与货币文化研讨会”、“中国钱币学会第五期钱币专业干部培训班”等多项全国性会议，既交流了钱币研究成果，又扩大了在中国钱币学界的影响。

湖北钱币博物馆坚持以学习交流广结泉缘，以钱币文化为媒介，先后组织开展了钱币鉴赏会、交流会、钱币讲坛、钱币市场调研等学习交流活动。湖北钱币博物馆还组织广大会员赴新疆、云南、内蒙古、甘肃、浙江、上海等地参观钱币博物馆、印钞造币厂、红色金融钱币遗址等等，并同各地文博系统、钱币界、老红军开展座谈交流，既加深了对钱币收藏、保管、宣传、研究等工作的认识，又受到了革命先烈们爱国主义教育的洗礼。

十年磨一剑，弹指一挥间。回首过去硕果累累，展望未来任重道远。湖北钱币博物馆组织出版的《币海漫游》曾荣获“全国百部优秀科普读物奖”，希望《湖北钱币博物馆藏品选》能够更好地展现钱币历史，弘扬钱币文化。在本书付梓之际，我们祝愿湖北钱币博物馆在中央建设文化产业大发展大繁荣的热潮中，秉承“弘扬钱币文化，服务央行、服务金融、服务社会”的宗旨，再获佳绩、再创辉煌。

中国人民银行武汉分行党委书记、行长

概　述

中国是世界上使用货币最早的国家之一，距今已有四千多年的历史。约在新石器时代晚期，随着社会分工和商品交换的发展，已经出现了用牲畜、谷物等充当一般等价物的实物货币。夏商时期中原地区使用过海贝。商代晚期有了青铜贝。春秋战国时期，行用由生产工具演变而来的布币、刀币和圜钱等青铜铸币。秦始皇统一货币后，采用了方孔圆形的铜钱，并使此形制固定下来，通行了两千多年。北宋时期，世界上最早的纸币“交子”在四川地区出现。元代以通行纸钞为主，具有世界上最早而又比较完备的纸币流通制度。明代钱钞兼用，币制层次分明，有高度的统一性。清代基本上是白银居主导地位，银钱兼用，“大数用银，小数用钱”。清末出现机制银元和铜元。随后，近代银行业产生，发行银行兑换券，延续至民国。纵观人类社会发展的历史，货币是随着商品流通而自发产生的，她是商品经济发展到一定阶段的产物。正如西汉史学家司马迁所说：“农工商交易之路通，而龟贝金钱刀布之币兴焉。”

中国货币种类繁多，形式多样，币材广泛，浩如烟海。每一种货币的制造与流通，都留下了时代的烙印，反映了该时期社会生产的总体水平和社会发展的基本状况。中国货币文化源远流长，博大精深，是中华民族古老文明的一个重要组成部分。同时，作为东方货币的代表，中国货币文化曾传播到世界各地，尤其是邻近国家和地区，如日本、朝鲜、越南等，都曾一度受到中国货币文化的重大影响。由此表明，中国对世界货币文化做出了卓越贡献。

湖北是楚文化的发祥地，楚国货币在中国货币发展历史中具有独特的地位。从史籍记载和出土文物证实，春秋战国时期，楚国铸行有金、银、铜三种金属材质的货币，按形态分，有贝、布、版、饼、牌等，其中以铜质货币为主要表现形式。湖北省鄂东南地区曾出土长方形版状铜钱牌，共有三种面值，分别为“视金一朱”、“视金二朱”、“视金四朱”。这三种不同面值铜钱牌的重量和级差蕴含着“子母相权”的关系，是一种高额货币。1974年8月，河南省扶沟县古城村曾窖藏出土过银质空首布，多数学者认为是楚国的货币。这种银布币保留了楚国货币平足无文的特征，虽出土数量稀少，却表明楚国不仅使用铜质货币和金质货币，同时也铸行银质货币。三种不同材质和多种形态的货币并行，对研究中国铸行金属货币及楚国的币制度和度量衡制度，都是重要的实物依据。楚金版是中国最早具有固定形式的黄金货币，楚铜币和银布币的铸行则体现了楚国货币文化与中原文化的交融。楚国货币的产生与发展折射出了楚国地广物博、国力强盛、工商业繁荣及水陆交通发达的优势。

在近代，湖北铸行的货币及货币管理制度，反映了中国近代货币由乱而治的全部过程，币制改革始终处于全国领先地位。清末湖广总督张之洞率先革新币制，奏准于光绪十五年（1889年），开始试铸银元，并于光绪十九年（1893年）奏准在武昌设立银元局，次年即行开铸。筹建于光绪二十二年（1896年）的湖北官钱局发行的官票，也是在政府发行的可兑换纸钞中属较早的一种。光绪二十七年（1901年），湖北又继广东等省之后开铸铜元，发官钱局试铸。

湖北又是辛亥革命的首义之地，武昌起义在中华民族振兴和中国社会发展进程中具有不可磨灭的历史功绩。辛亥革命前后在湖北铸行的一些货币，反映了我国近代社会货币金融关系以及整个社会关系的深刻变化。辛亥革命中，湖北武昌造币厂铸造的中国最后一种龙洋“大清银币”，尚未正式发行，就作军饷拨给新军；辛亥革命胜利后，湖北武昌造币厂铸造过开国纪念银币和铜币；民国元年湖北恩施一带铸造发行的“军政府造湖北铜币”，在我国铜元铸行史上有其独特性。在这一时期，湖北还印制发行过一些纸币，目前仅见有“中国中华银行银圆票”和“中华民国中央军政府军用小票”两种实物。

湖北汉口在近代曾是中国内地最大的商埠。发达的商业市场和繁盛的金融业给湖北银锭铸造业和市场流通提供了产生的基础与发展的空间。银锭铸行机构多元化，银锭器形多姿多彩，课税银锭繁杂不一，银锭平码复杂多样。汉口洋例银及公估机构的应运而生，为中国历代银锭的铸造和流通铸就了辉煌。在这一时期，湖北汉口又是中国金融重镇，与沪、津、穗齐名，同称中国四大金融中心。除在汉的中资银行发行纸币外，各外国银行汉口分行也都发行过纸币，这些纸币由汉口分行负责兑现，而且多带有“汉口”字样，亦称“汉钞”。

在新民主主义革命时期，中国共产党在湖北及周边省份相继建立了“湘鄂赣革命根据地”、“湘鄂西革命根据地”和“鄂豫皖革命根据地”、“豫鄂边区抗日民主根据地”、“中原解放区”。为了发展经济，保障供给，巩固革命政权，支持革命战争，这些根据地和解放区都建立了自己的银行，发行了货币，其币材包括银质、铜质、布质、纸质等。所铸造和印制的货币虽因经济条件差、物质匮乏、技术设备落后而存在一些质量上的缺憾，但为新中国的建立、为人民币的诞生和管理积累了经验，奠定了基础。

发掘和研究前人给我们留下的丰富多彩的货币实物和厚重的货币文化，对于弘扬中国历史文化，促进社会主义精神文明建设，推动现代货币的设计、制造和发行、流通，都具有重要的现实意义。作为印制、发行和管理当今唯一合法流通货币（人民币）的央行人，更是责无旁贷。

2002年12月26日，中国人民银行武汉分行召开行长办公会议，审议通过了我起草的《关于筹建湖北省钱币博物馆的报告》，决定成立专班，筹建湖北钱币陈列室（后更名为湖北省钱币博物馆），并要求在2003年10月开馆。时间紧，任务重，要求高，压力大。我作为筹建专班的负责人，在黄代坤会长的带领下，同筹建专班的同志一道，于2003年元旦过后就紧锣密鼓地开始了筹建工作。我们一边制订规章制度、编制工作计划、草拟征集大纲、设计陈列方案，一边组织对历年收藏的货币进行汇集和整理，并同时开始对展馆进行装饰装修。在武汉分行党委的领导下，经过分行货币金银处、128重点库、会计财务处、后勤服务中心和保卫处的共同努力，仅仅用了十个月的筹建时间，湖北钱币博物馆就于2003年10月28日如期开馆。开馆仪式庄重热烈，中国钱币界、文博界的三十余位专家悉数光临，如此阵容，足见其在学界的地位。专家们对湖北钱币博物馆的藏品和特色鲜明的展示方式给予了较高的评价。时任中国钱币博物馆馆长戴志强先生在参观后对采访记者说：“这个馆展示面积不大，但确实有东西可看，没想到！”中国人民银行总行有关部门领导对湖北钱币博物馆的建成也给予了充分肯定，认为这是人民银行文化建设方面的一项重要成果。不久，湖北钱币博物馆被人民银行总行批准为武汉分行内设机构。

湖北钱币博物馆的建设过程，充分体现了武汉分行党委的高度重视和建设者的奉献精神。在短短的十个月时间内，分行领导多次听取筹建工作汇报，并及时指导解决了筹建中的困难。筹建专班的全体同志，在完成本职工作以后，挤出时间或利用节假日、休息日及下班后的休息时间，不计较工作条件，不要任何报酬，全身心地投入到紧张的筹备工作中，直到完成筹建任务。有业内人士感叹，这样一个规模和水平的博物馆，投入的资金如此之少，不可思议！其实原因很简单，早在上个世纪八十年代末期，原湖北省人民银行发行部门和湖北省钱币学会秘书处的有心人就开始收集历史货币，比如唐代船形银锭及清代至民国银锭、马克思银币和列宁银币、湖北省银行发行的伍角券铜钞版、部分革命根据地发行的纸钞、部分近代银行发行的“汉钞”等等，都是这些年来收藏的。这里应该说明的是，还有一些珍贵的历史货币，是老一代人民银行干部在建国初收兑珍藏的，经过精心整理，留传下来，日积月累，形成了今天的规模和水平。从这个意义上来说，湖北钱币博物馆的建成，是几代湖北人行人追逐梦想、薪火相传、不懈努力的共同结晶。

往事并不如烟。回首筹建湖北钱币博物馆那段不平凡的经历，我总会被那些难以忘怀的人和事所感动，油然生起崇敬之心。在“非典”肆虐的日子里，筹建专班的吴满平、郭立格、夏红艳、史航和阮贵华同志正在北京征集藏品，他们不顾可能会感染“非典”的危险，在北京城内走街串巷（因怕被传染，不敢乘坐公共汽车和出租车），穿行在多位钱币收藏者家中，直到征集任务完成才返汉；在盛夏，黄代坤会长冒着酷暑，带领史航、夏红艳、岳华、霍琦、陈静同志，奔走在山间和乡村，征集历史货币的路上常常是汗流如注、湿透衣背。功夫不负有心人，他们的行为感动了藏品持有者，最终如愿而归。还是盛夏，韩园和李立同志坚守展馆装修现场，在灰尘和油漆味交织的装修大厅，监管施工，同施工人员一道，加班加点，有时甚至工作到次日凌晨，保证了装饰装修水平。货币金银处胡远莉处长、张能斌副处长为展馆筹建积极协调；武汉分行领导带头与分行职工一道，踊跃为湖北钱币博物馆无偿捐献藏品的义举，更是令人称道！

湖北钱币博物馆建馆十年来，在中国人民银行武汉分行党委的领导下，经过历任馆长和博物馆全体同志的努力，藏品日渐丰富，特点逐渐凸显。如湖北地方历史银锭，经过不断征集，已初具规模，特别是湖北地方五十两银锭，无论是品种还是数量，在同类型博物馆中都具有显著优势。“汉钞”和“革命根据地”货币也具有浓郁的地方特色，展厅设置的“真假人民币对照”专橱，则体现了央行钱币博物馆为人民币管理服务的新形式。馆内制度日臻完善，操作方式逐渐规范，在展品保护方面也作了一些有益的探索。尤其是在充分发挥博物馆基本功能方面，做了一些实实在在的工作，如通过多种传媒形式宣传钱币知识，利用藏品优势组织巡展、开展钱币专题研究等等，有效发挥了钱币博物馆的功能，提高了湖北钱币博物馆的社会知名度和凝聚力。这次由湖北钱币博物馆组织编撰的《湖北钱币博物馆藏品选》，就是宣传货币知识和推动货币研究的又一种形式。

在中国人民银行武汉分行的领导下，经过湖北钱币博物馆和湖北省钱币学会的共同努力，《湖北钱币博物馆藏品选》付梓问世。这本图册收录的藏品是从湖北钱币博物馆的近万件藏品中挑选出来的。在藏品的选择上，根据本图册编委会的指导思想，编者们坚持了以下三个原则：一是选择历朝历代（政权）有代表性的货币，力求贯通古今，旨在给读者展现一个货币演进变迁的梗概；二是选择珍稀货币，力求给货币爱好者和研究者提供可欣赏、可研究的藏品；三是选择湖北地方货币，力求反映湖北钱币博物馆藏品的重点，为宣传和研究湖北货币文化、为湖北史学界研究湖北地方史提供一点借鉴。基于以上原则，本图册选录本馆历代钱币藏品278件，并提供了每件藏品的基本参数，以期方便读者阅读和研究。当然，如果能为现今人民银行货币研究提供一点点启示，为丰富人民银行文化建设增添一点点色彩，更是组织和参与编撰这本图录的全体同志的心愿。

楊楓

中国钱币学会学术委员会委员

湖北省钱币学会副会长

2013年11月6日

铜铸货币

正　　　　　　背

1. 楚国“咒”字鬼脸钱（合背）

面文：“咒”，重量1.60克，长19.23毫米，宽12.03毫米。

2. 无文耸肩空首布

重量38.40克，长143.99毫米，宽66.38毫米，肩宽62.30毫米。

3．无文耸肩空首布

重量39.10克，长143.12毫米，宽65.46毫米，肩宽59 32毫米。

4. 无文耸肩空首布

重量35.30克，长138.75毫米，宽65.77毫米，肩宽60.80毫米。

5. 无文耸肩空首布

重量39.90克，长147.03毫米，宽70.73毫米，肩宽63.13毫米。

6．无文耸肩空首布

重量33.50克，长137.84毫米，宽63.71毫米，肩宽63.16毫米。

7. 无文耸肩空首布

重量36.30克，长146.19毫米，宽67.96毫米，肩宽63.66毫米。

8. 耸肩空首布

面文："甘丹"。重量24.10克，长135.69毫米，宽66.70毫米，肩宽48.95毫米。

9．耸肩空首布

面文："黄釿"。重量25.20克，长116.88毫米，宽51.77毫米，肩宽42.02毫米。

10．桥足平首布

面文："梁重釿百當寽"。重量12.70克，长54.01毫米，宽34.51毫米。

11．桥足平首布（釿布）

面文："梁重釿五十当寽"。重量29.80克，长61.42毫米，宽40.34毫米。

12．楚连布

面文："四比"，背文："当忻"。重量13.80克，长85.92毫米，宽22.19毫米。

13．楚大布

面文："梡比当忻"，背文："七倶"。重量35.30克，长103.11毫米，宽41.73毫米，肩宽33.28毫米。

14．尖足布

面文："虑"。重量4.30克，长54.10毫米，宽27.43毫米。

15．尖足布

面文："大陰"。重量4.10克，长56.64毫米，宽29.46毫米。

16．方足布

面文："平陰"。重量6.60克，长49.02毫米，宽28.96毫米。

17．方足布

面文："貝丘"，重量5.00克，长47.75毫米，宽29.21毫米。

18. 齐大刀

面文："齐法化"，背文："日"。重量45.30克，长185.05毫米，宽29.63毫米。

19. 齐大刀

面文："齐之法化"，背文："卜"。重量39.00克，长185.82毫米，宽30.74毫米。

20. 齐大刀

面文："即墨之法化"。重量48.20克，长179.37毫米，宽28.81毫米。

21．尖首刀

面文："五"。重量13.70克，长150.12毫米，宽20.47毫米。

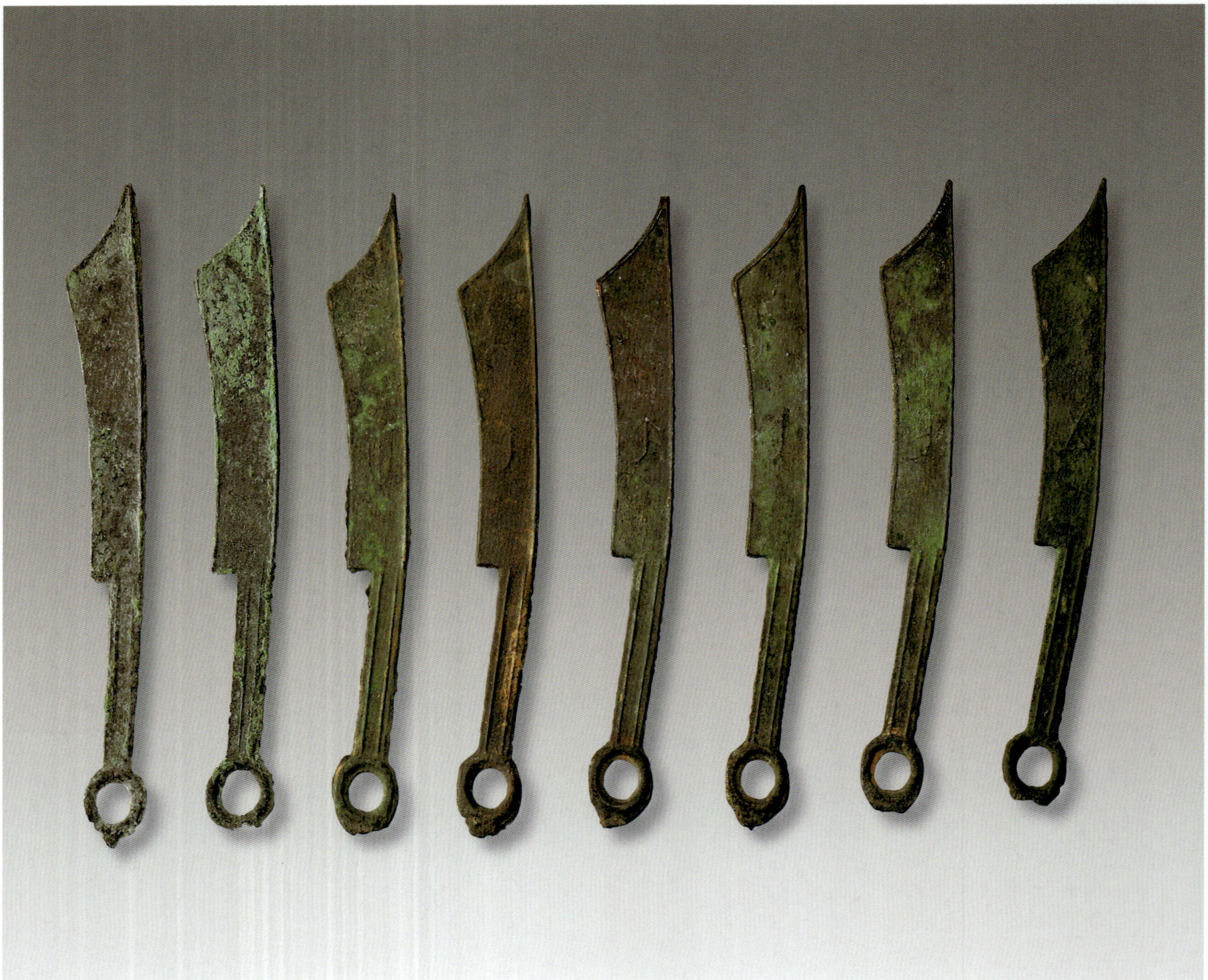

22. 尖首刀

23. 尖首刀

24．尖首刀

重量2.70克，长121.34毫米，宽10.89毫米。

25. “共”字圜钱

面文：“共”。重量13.10克，直径44.4毫米。

26. “垣”字圜钱

面文：“垣”。重量9.90克，直径41.90毫米。

27. “西周”圜钱

面文：“西周”。重量4.70克，直径28.25毫米。

28. “东周“圜钱

面文：“东周”。重量3.50克直径27.94毫米。

29. “桼垣一釿”圜钱

面文：“桼垣一釿”。重量10.50克，直径38.27毫米。

30. 耸肩尖足空首布14枚

重量350.30克，长135.10毫米，
宽88.35毫米，高50.84毫米。

31．明刀150枚

重量2680.80克，长158.38毫米，宽94.65毫米，高61.44毫米。

32. 秦“半两”钱

面文：“半两”。重量7.00克，直径37.07毫米。

33. 西汉“五铢”钱

面文：“五铢”。重量4.20克，直径25.71毫米。

34. 新莽“一刀平五千”钱

面文：“一刀平五千”。重量30.30克，长73.06毫米，宽29.04毫米。

35. 新莽“货泉”连体饼钱

重量56.90克，长66.34毫米，宽34.04毫米。

36. 十六国成汉“汉兴”钱

面文：“汉兴”。重量0.90克，直径18.03毫米。

37. 十六国北凉“凉造新泉”钱

面文：“凉造新泉”。重量1.90克，直径20.74毫米。

38. 北周“五行大布”钱

面文：“五行大布”。重量3.40克，直径27.68毫米。

39. 北周“永通万国”钱

面文：“永通万国”。重量5.10克，直径30.22毫米。

40. “半两”阴文石范

重量662.00克，长98.47毫米，宽97.61毫米，高26.76毫米。

41. 西汉“五铢”阳文陶范

长250.00毫米，宽190.00毫米，厚30毫米。

42. 西汉"五铢"阴文铜范

重量1424.50克，长285.00毫米，宽81.28毫米，高36.47毫米。

43．新莽“小泉直一”阳文陶范

重量1254.90克，长199.93毫米，宽106.41毫米，高48.70毫米。

44. 唐代“开元通宝”钱

重量4.20克，直径25.27毫米。

45. 唐代“得壹元宝”钱

重量18.60克，直径35.62毫米。

46. 唐代“顺天元宝”钱

重量19.60克，直径36.88毫米。

47. 宋代“大观通宝”钱

重量17.80克，直径41.35毫米。

48．元末徐寿辉起义军“天定通宝”钱

重量9.90克，直径32.03毫米。

49．明代“大中通宝”钱

背文：“鄂十”。重量28.70克，直径46.53毫米。

50．明代“洪武通宝”钱

重量30.90克，直径29.97毫米。

51．明末李自成起义军“永昌通宝”钱

重量10.40克，直径38.10毫米。

52．清代“咸丰重宝”宝泉局当五十钱

背文：“当五十”。重量28.70克，直径46.04毫米。

53. 清代“咸丰元宝”宝武局当百钱

背文：“当百”。重量43.70克，直径55.12毫米。

54. 清代“咸丰元宝”宝源局当百钱

背文：“当百”。重量41.80克，直径50.07毫米。

55. 清代"咸丰重宝"贵州局当五十钱

背文："当五十"。重量64.20克，直径56.05毫米。

56. 清代"咸丰重宝"宝源局当五十钱

背文："当五十"。重量48.70克，直径56.14毫米。

五、民国时期铜币

57. 湖北铜币中华民国元年军政府造当五十文

重量15.60克，直径36.78毫米。

58. 湖北铜币中华民国三年军政府造当五十文

重量21.20克，直径37.16毫米。

59. 湖北铜币中华民国七年军政府造当五十文

重量13.90克，直径36.93毫米。

60. 湖北铜币中华民国八年军政府造当五十文

重量12.80克，直径37.29毫米。

金银货币

61．包金贝（铜胎）

重量3.00克，长28.52毫米，宽21.15毫米，
第一枚编号（5980/81），厚4.74 毫米。

62．包金贝（铜胎）

重量2.30克，长23.62毫米，宽17.01毫米。

63．包金贝（铜胎）

重量1.80克，长16.25毫米宽21.84毫米。

64–66．楚国金版

64．楚国“郢称”金版

重量37.00克，长46.74毫米，宽18.14毫米。

65．楚国金版

重量26.60克，长35.75毫米，宽21.15毫米。

66．楚国金版

重量5.20克，长12.56毫米，宽13.92毫米。

67. 汉代金饼

重量149.80克，厚10.83 直径60.99毫米。

68．南宋“出门税”·“张八”金牌

重量3.80克，长17.44毫米，宽10.80毫米，厚1.18毫米。

69．南宋“申六助□”金牌

重量3.90克，长17.12毫米，宽8.82毫米，厚1.53毫米。

70．南宋“聶宗·十分金”金牌

重量3.80克，长19.23毫米，宽8.86毫米，厚1.41毫米。

71. 南宋“张五助□□”金牌

重量3.80克，长16.31毫米，宽9.48毫米，厚1.62毫米。

72. 南宋“王九员□”金牌

重量4.00克，长17.88毫米，宽9.63毫米，厚1.41毫米。

73. 南宋“分□□□ · □□□”金牌

重量3.90克，长19.36毫米，宽7.93毫米，厚1.51毫米。

74. 南宋“界内周助□”金牌

重量4.00克，长18.85毫米，宽7.87毫米，厚1.57毫米。

75. 南宋“界内王三郎 · 十分金 · 出门税”金牌

重量4.10克，长19.56毫米，宽10.83毫米，厚1.2毫米。

76. 南宋“真聂二员□”金牌

重量4.00克，长18.97毫米，宽8.08毫米，厚1.62毫米。

77. 南宋“南马四 · 十分金”金牌

重量4.00克，长18.35毫米，宽9.15毫米. 厚1.57毫米。

78. 南宋“陈二郎 · 十分金 · 铁线巷”金牌

重量37.20克，长130.10毫米，宽16.80毫米，厚1.20毫米。

79. 南宋“铁线巷”金叶

重量37.40克，长叠长 98.43毫米，叠宽 41.41毫米。

80. 唐代船型五十两银锭

重量1892.90克，长203.46毫米，宽104.65毫米，束腰宽40.71毫米。

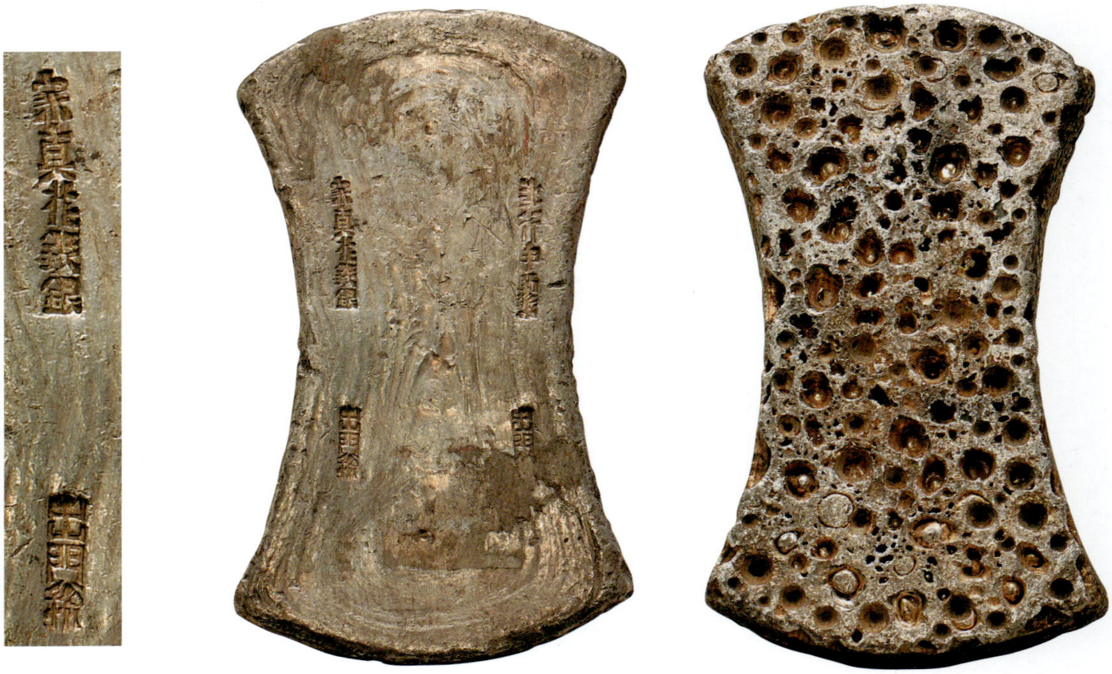

81. 南宋“出门税 · 宋真花钱银 · □行□□□”二十五两银锭

重量978.60克，长122.76毫米，束腰宽48.41毫米。

82. 南宋“路五郎”银锭

重量237.30克，长72.56毫米，束腰宽 26.73毫米。

83. 南宋“京销银 · 宝葫芦印”银锭

重量478.30克，长89.29毫米，束腰宽 36.34毫米。

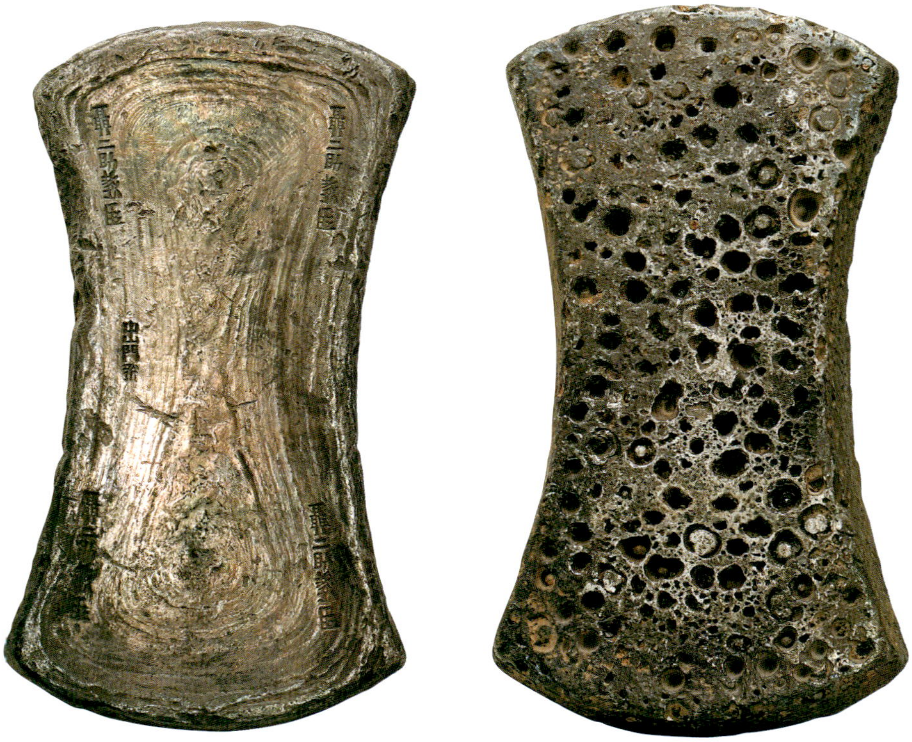

84. 南宋“出门税聂二助教臣”五十两银锭

重量1992.90克，长164.22毫米，束腰宽 64.65毫米。

85．明代五十两银锭

重量1855.50克，长135.63毫米，束腰宽48.47毫米。

86．清代“广济县·同治二年十月·匠大兴”五十两银锭

重量1864.00克，长112.62毫米，束腰宽59.1毫米。

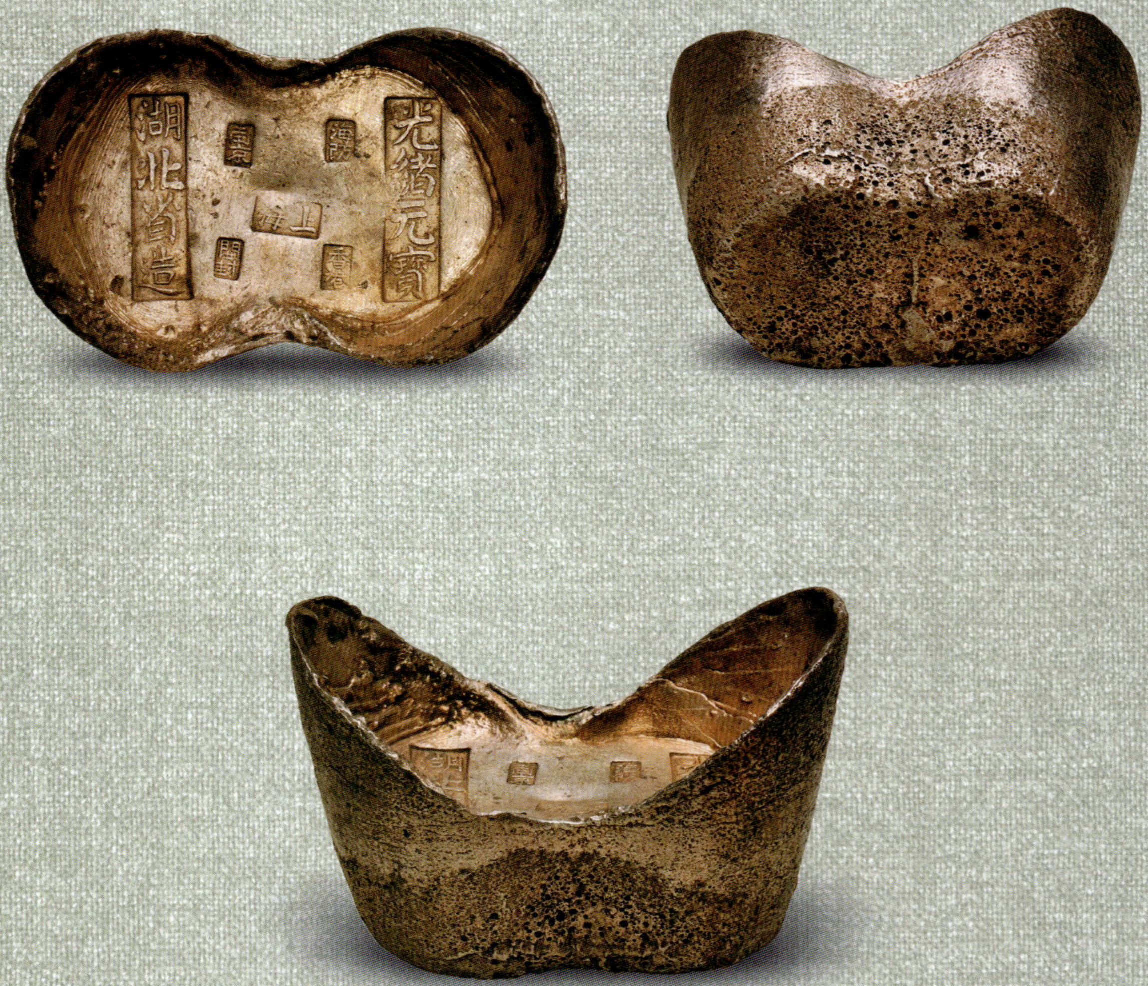

87. 清代“湖北省造 · 光绪元宝”五十两银锭

重量1834.40克，长111.98毫米，束腰宽59.61毫米。

88. 清代“孝感县 · 光绪四年十一月 · 公济益五十两银锭

重量1857.60克，长114.15毫米，束腰宽63.13毫米。

89. 清代“应城县 · 光绪五年五月 · 公济益”五十两银锭

重量1860.80克，长115.24毫米，束腰宽62.83毫米。

90. 清代“潜江县 · 光绪五年五月 · 公济益”五十两银锭

重量1859.40克，长115.73毫米，束腰宽63.11毫米。

91. 清代“兴国州 · 光绪二十四年 拾月 · 匠金廷”五十两银锭

重量1864.50克，长114.59毫米，束腰宽66.18毫米。

92. 清代“随州 · 光绪二十四年十二月 · 官钱局”五十两银锭

重量1869.40克，长112.26毫米，束腰宽63.48毫米。

93. 清代“湖北盐厘局 · 光绪二十五年”五十两银锭

重量1788.60克，长106.61毫米，束腰宽57.76毫米。

94. 清代“牙厘总局·光绪二十五年七月·官钱局”五十两银锭

重量1865.30克，长111.20毫米，束腰宽54.08毫米。

95. 清代“汉阳县·光绪二十五年八月·官钱局”五十两银锭

重量1864.80克，长115.51毫米，束腰宽64.51毫米。

96. 清代“黄陂县·光绪二十五年九月·匠裕森”五十两银锭

重量1855.30克，长114.39毫米，束腰宽62.85毫米。

97. 清代“江陵县 · 光绪二十六年十月 · 谦吉”五十两银锭

重量1876.50克，长112.63毫米，束腰宽62.73毫米。

98. 清代“京山县 · 光绪二十六年十二月 · 官钱局”五十两银锭

重量1857.90克，长113.85毫米，束腰宽64.18毫米。

99. 清代“松滋县 · 光绪二十七年二月 · 官钱局”五十两银锭

重量1871.10克，长114.47毫米，束腰宽63.62毫米。

100．清代“宜城县·光绪二十七年五月·官钱局”五十两银锭

重量1863.70克，长116.88毫米，束腰宽63.48毫米。

101．清代“湖北盐饷·光绪二十八年十一月·官钱局”五十两银锭

重量1832.10克，长120.90毫米，束腰宽58.33毫米。

102．清代“应城县·光绪三十一年五月·官钱局”五十两银锭

重量1864.90克，长114.07毫米，束腰宽60.54毫米。

103．清代“蕲州 · 光绪三十一年十二月 · 官钱局”五十两银锭

重量1858.60克，长113.30毫米，束腰宽63.9毫米。

104．清代“竹山县 · 光绪三十二年四月 · 官钱局”五十两银锭

重量1865.30克，长113.58毫米，束腰宽63.78毫米。

105．清代“安陆县 · 光绪三十二年十二月 · 官钱局”五十两银锭

重量1859.90克，长112.65毫米，束腰宽64.36毫米。

106. 清代“监利县 · 光绪三十二年十二月 · 官钱局”五十两银锭

重量1859.20克，长116.44毫米，宽束腰宽65.75毫米。

107. 清代“江汉关 · 光绪三十三年 · 有成号匠蔡长”五十两银锭

重量1864.00克，长114.48毫米，宽束腰宽63.33毫米。

108. 清代“江夏县 · 光绪三十四年十一月 · 官钱局”五十两银锭

重量1856.40克，长113.80毫米，宽束腰宽63.65毫米。

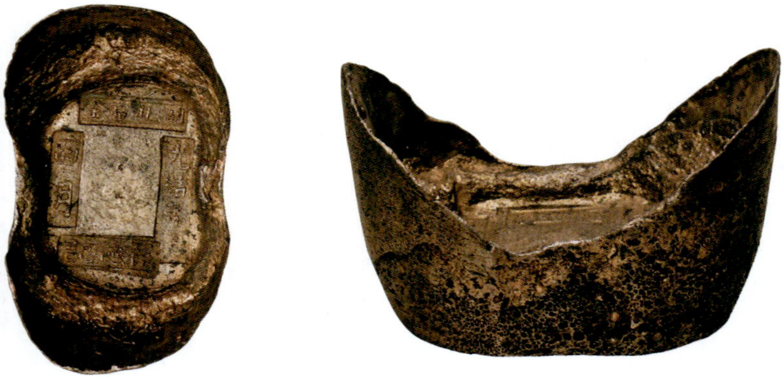

109. 清代“湖北厘金 · 光绪□□四月 · 匠德记”五十两银锭

重量1753.90 长115.35毫米，束腰宽66.6毫米。

110. 清代“湖北统捐 · 宣统二年十一月 · 官钱局”五十两银锭

重量1851.60克，长116.42毫米，束腰宽57.82毫米。

111. 清代“黄梅县 · 宣统三年六月 · 匠金万”五十两银锭

重量1865.70克，长108.74毫米，束腰宽64.51毫米。

112. 清代“老河口·恒春东”十两银锭

重量340.90克，长60.87毫米，宽53.41毫米，厚28.05毫米。

113. 清代荆州协成号十两银锭

重量353.30克，长60.03毫米，宽50.45毫米，厚26.43毫米。

114．湖北省造 · 正庄足银 · 永川十两银锭

重量377.40克，长58.25毫米，宽51.68毫米，厚32.26毫米。

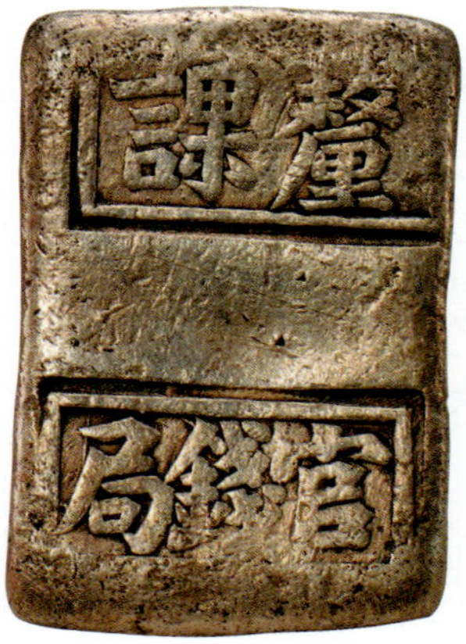

115．“厘课 · 官钱局”十两银锭

重量377.90克，长55.41毫米，宽37.19毫米，厚62.45毫米。

116. “荆州府记”马鞍形银锭

重量211.00克，长43.32毫米，宽41.41毫米，厚10.75毫米。

117. “江汉关·盐税匠陶华”五两银锭

重量174.60克，厚27.66　直径42.07毫米。

118. “湖北上游滇捐总局”五两银锭

重量189.80克，厚27.32 直径41.28毫米。

119. 长方形银锭

重量2083.90克，长154.59毫米，宽66.18毫米。

120．“荆”字小银锭

重量11.10克，厚8.22、直径16.37毫米。

121．清代台湾寿星银饼

重量26.50克，直径38.67毫米。

122–126．清代湖北省造光绪元宝库平银币（一套五枚）

122．清代湖北省造光绪元宝库平七钱二分银币

重量27.00克，直径39.87 （与6740、6742重复）毫米。

123．清代湖北省造光绪元宝库平三钱六分银币

重量13.50克，直径33.61毫米。

124. 清代湖北省造光绪元宝库平一钱四分四厘银币

重量5.20克，直径23.61毫米。

125. 清代湖北省造光绪元宝库平七分二厘银币

重量2.70克，直径18.65毫米。

126. 清代湖北省造光绪元宝库平三分六厘银币

重量1.40克，直径17.02毫米。

127. 清代湖北省造大清银币光绪三十年库平壹两（大字）

重量37.20克，直径41.17 毫米。

128．清代湖北省造大清银币光绪三十年库平壹两（小字）

重量37.20克，直径41.12毫米。

129．清代大清银币光绪年造丁未壹圆

重量26.80克，直径39.54毫米。

130．清代湖北省造宣统元宝库平七钱二分银币

重量26.60克，直径39.64毫米。

131．袁世凯戎装像共和纪念壹元银币（签字版）

重量26.80克，直径38.98毫米。

132．袁世凯戎装像飞龙纪念壹元银币

重量26.70克，直径39.37毫米。

133．黎元洪像壹元开国纪念银币

重量27.70克，直径39.64毫米。

134．黎元洪像壹元开国纪念银币

重量26.80克，直径39.64毫米。

135. 黎元洪像壹元开国纪念银币（“OE”错版）

重量26.90克，直径39.96毫米。

136. 迪化银元局造中华民国六年壹两银币

重量34.00克，直径39.61毫米

137. 孙中山像民国十年陵墓图壹元银币

重量26.90克，直径38.94毫米。

138．徐世昌像民国十年仁寿同登纪念银币

重量26.30克，直径39.18毫米。

139．湖南省宪成立纪念民国十一年壹元银币

重量27.30克，直径38.97毫米。

140．龙凤黼黻图民国十二年背嘉禾壹元银币

重量27.00克，直径38.95毫米。

141．曹锟戎装像背双旗纪念银章

重量27.20克，直径36.39毫米。

142. 曹锟西装像宪法成立纪念银章

重量26.90克，直径38.84毫米。

143. 贵州省政府造民国十七年汽车图壹元银币

重量26.10克，直径39.43毫米。

144. 贵州省造中华民国三十八年背竹枝图壹元银币

重量26.60克，直径38.90毫米。

145. 孙中山像甘肃省造民国十七年壹元银币

重量26.60克，直径38.43毫米。

146. 孙中山像民国十八年壹元银币（美国版）

重量26.40克，直径38.86毫米。

147. 孙中山像民国十八年壹元银币（日本版）

重量26.80克，直径39.26毫米。

148. 孙中山像民国二十一年“三鸟”壹元银币

重量26.70克，直径39.52毫米。

149. 段祺瑞像中华民国执政纪念银币

重量26.70克，直径39.00毫米。

150. 中国苏维埃共和国造马克思正面头像壹元银币

重量32.30克，直径37.86毫米。

151. 中国苏维埃共和国造列宁正面头像壹元银币

重量29.80克，直径38.67毫米。

152. 中国苏维埃造工农银行列宁侧面头像壹圆银币

重量26.90克，直径39.11毫米。

153. 中华苏维埃共和国国家银行壹元银币

重量25.10克，直径38.90毫米。

154. 中华人民共和国成立30周年纪念金币

直径27.00毫米，1/2盎司。

155. 丙子（鼠）年（1996）十二盎司纪念金币

直径69.94毫米，重量12盎司。

156．丁丑（牛）年（1997）十二盎司纪念金币

直径69.87毫米，重量12盎司。

157．戊寅（虎）年（1998）十二盎司纪念金币

直径70.10毫米，重量12盎司。

158．1/2盎司彩色纪念金币

直径27毫米，重量1/2盎司。

159．1盎司彩色纪念银币

直径40毫米，重量1盎司。

160．1盎司彩色纪念银币

直径40毫米，重量1盎司。

161．1盎司彩色纪念银币

直径40毫米，重量1盎司。

162．1盎司彩色纪念银币

直径40毫米，重量1盎司。

163．5盎司彩色纪念银币

长方形。长90毫米，宽40毫米，重量5盎司。

158–163．中国京剧艺术系列（第一组）彩色金银纪念币

164．1/2盎司彩色纪念金币

直径27毫米，重量1/2盎司。

165．1盎司彩色纪念银币

直径40毫米，重量1盎司。

166．1盎司彩色纪念银币

直径40毫米，重量1盎司。

167．1盎司彩色纪念银币

直径40毫米，重量1盎司。

168．1盎司彩色纪念银币

直径40毫米，重量1盎司。

169．5盎司彩色纪念银币

长方形。长90毫米，宽40毫米，重量5盎司。

164–169．中国京剧艺术系列（第二组）彩色金银纪念币

170. 1/2盎司彩色纪念金币

直径27毫米，重量1/2盎司。

171. 1盎司彩色纪念银币

直径40毫米，重量1盎司。

172. 1盎司彩色纪念银币

直径40毫米，重量1盎司。

173. 1盎司彩色纪念银币

直径40毫米，重量1盎司。

174. 1盎司彩色纪念银币

直径40毫米，重量1盎司。

175. 5盎司彩色纪念银币

长方形。长90毫米，宽40毫米，重量5盎司。

170–175. 中国京剧艺术系列（第三组）彩色金银纪念币

176．1/2盎司彩色纪念金币

直径27毫米，重量1/2盎司。

177．1盎司彩色纪念银币

直径40毫米，重量1盎司。

178．1盎司彩色纪念银币

直径40毫米，重量1盎司。

179．1盎司彩色纪念银币

直径40毫米，重量1盎司。

180．1盎司彩色纪念银币

直径40毫米，重量1盎司。

181．5盎司彩色纪念银币

长方形。长90毫米，宽40毫米，重量5盎司。

176–181．中国京剧艺术系列（第四组）彩色金银纪念币

纸质货币

至元通行寶鈔

182．至元通行宝钞尚书省提举司贰贯（背面）

长293.00毫米，宽225.00毫米。

182. 至元通行宝钞尚书省提举司贰贯（正面）

长293.00毫米，宽225.00毫米。

183. 大明通行宝钞 · 户部 · 壹贯（正）

长334.00毫米，宽213.00毫米。

183. 大明通行宝钞 · 户部 · 壹贯（背）

长334.00毫米，宽213.00毫米。

184. 大清宝钞咸丰八年贰仟文

长233.00毫米，宽132.00毫米。

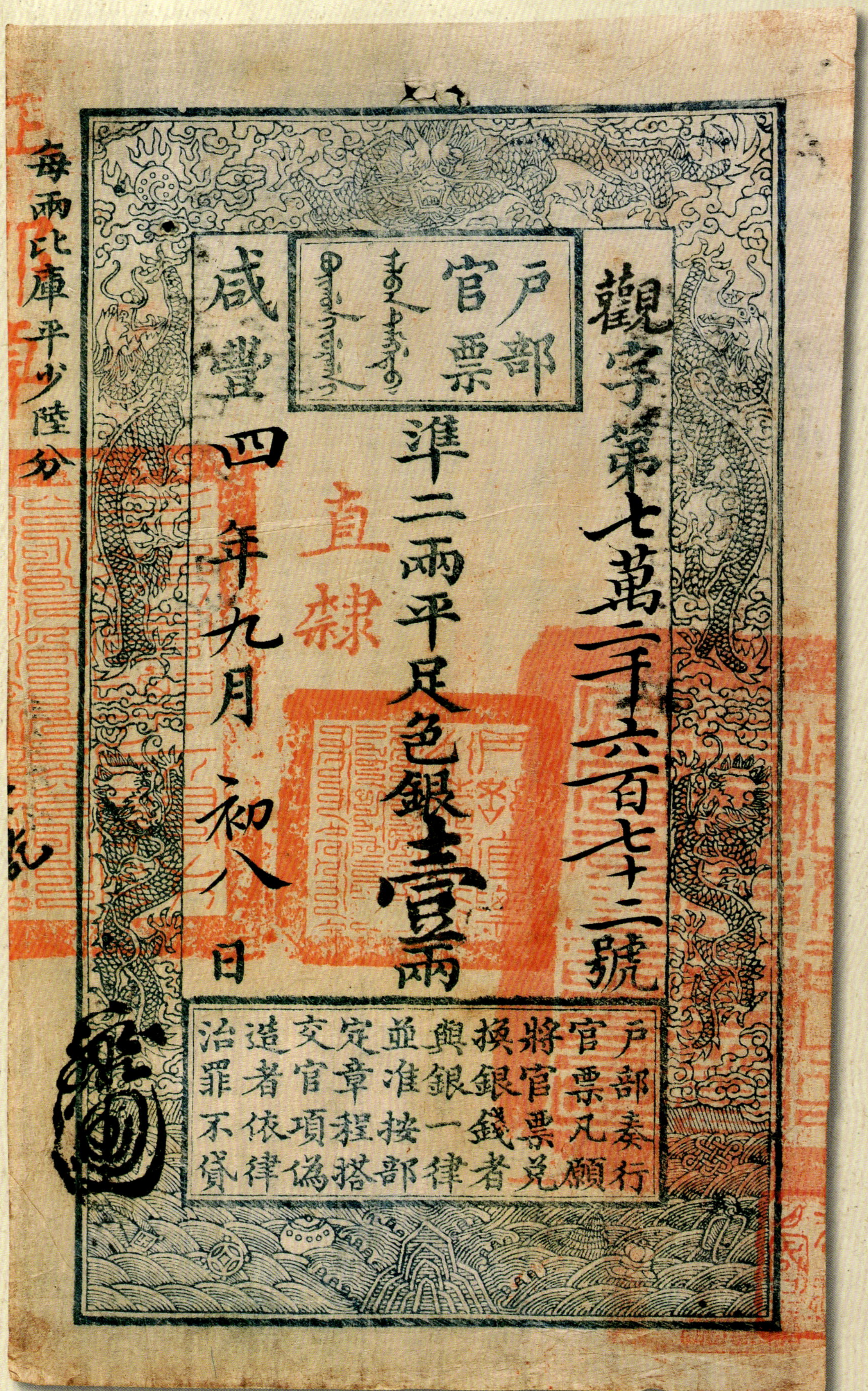

185. 户部官票咸丰四年壹两（正）

长243.00毫米，宽149.00毫米。

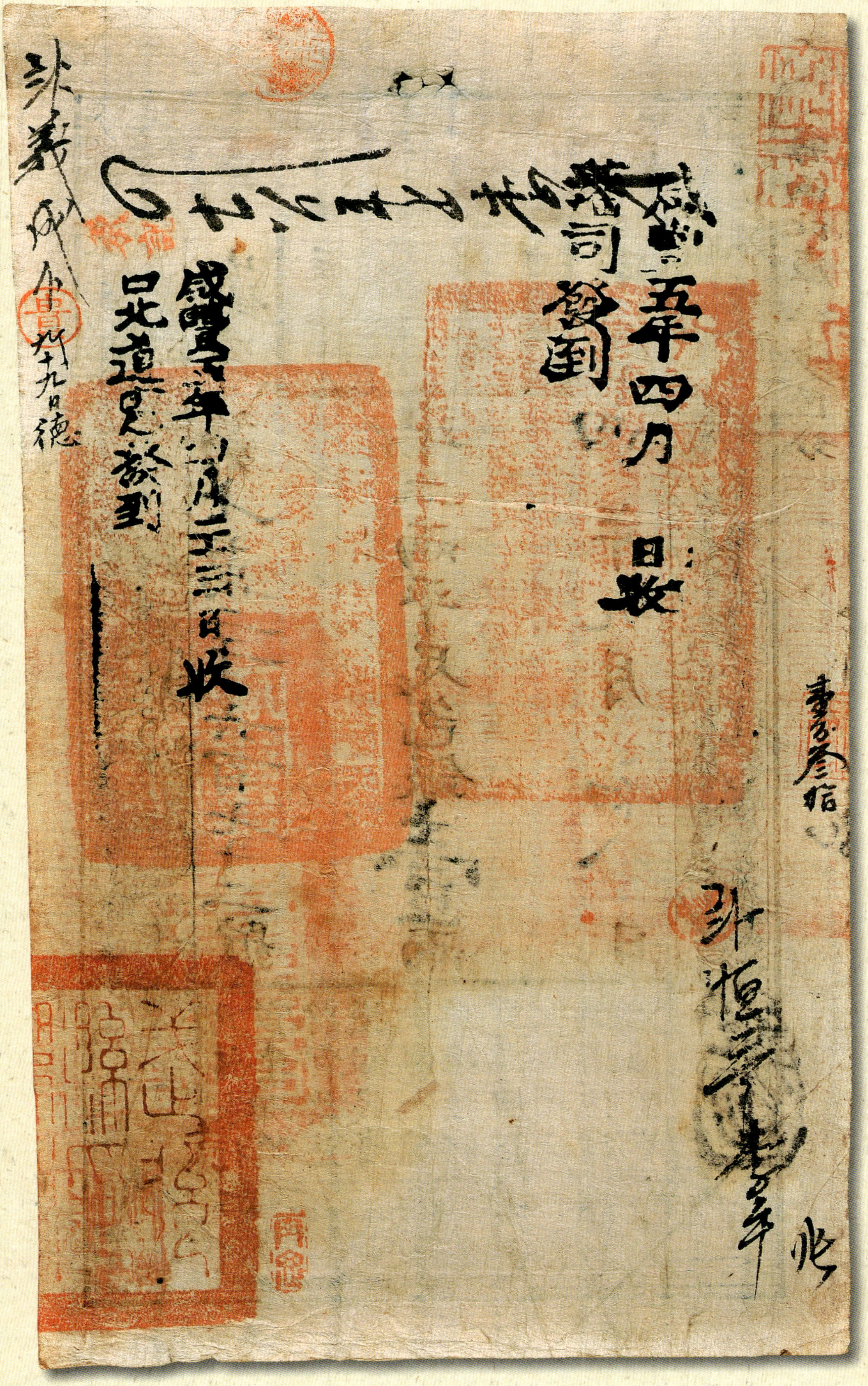

185．户部官票咸丰四年壹两（背）

长243.00毫米，宽149.00毫米。

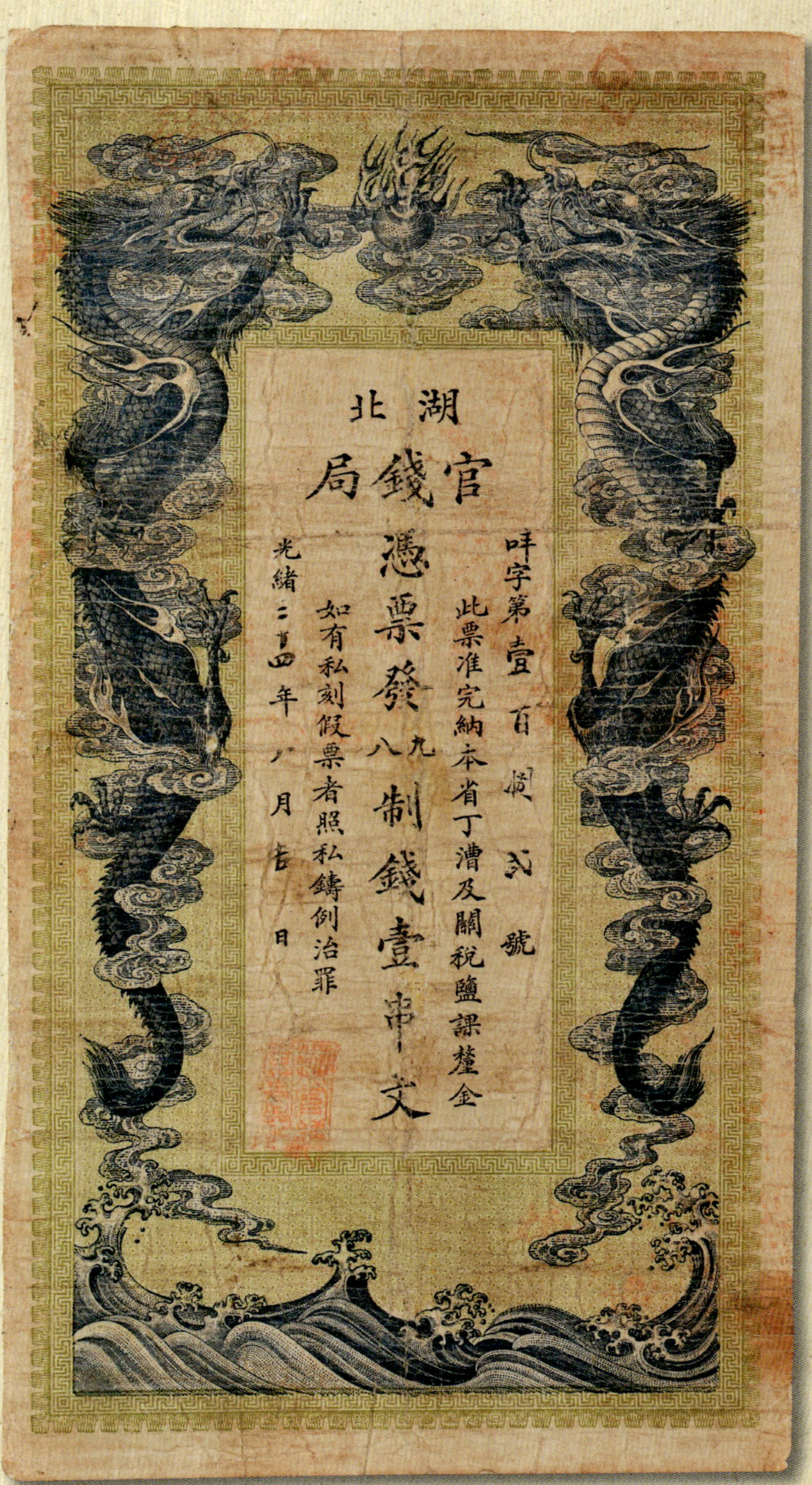
湖北
官錢局
憑票發九八制錢壹串文
此票准完納本省丁漕及關稅鹽課釐金
如有私刻假票者照私鑄例治罪

186．湖北官钱局光绪二十四年壹串文（正）

长200.00毫米，宽107.00毫米。

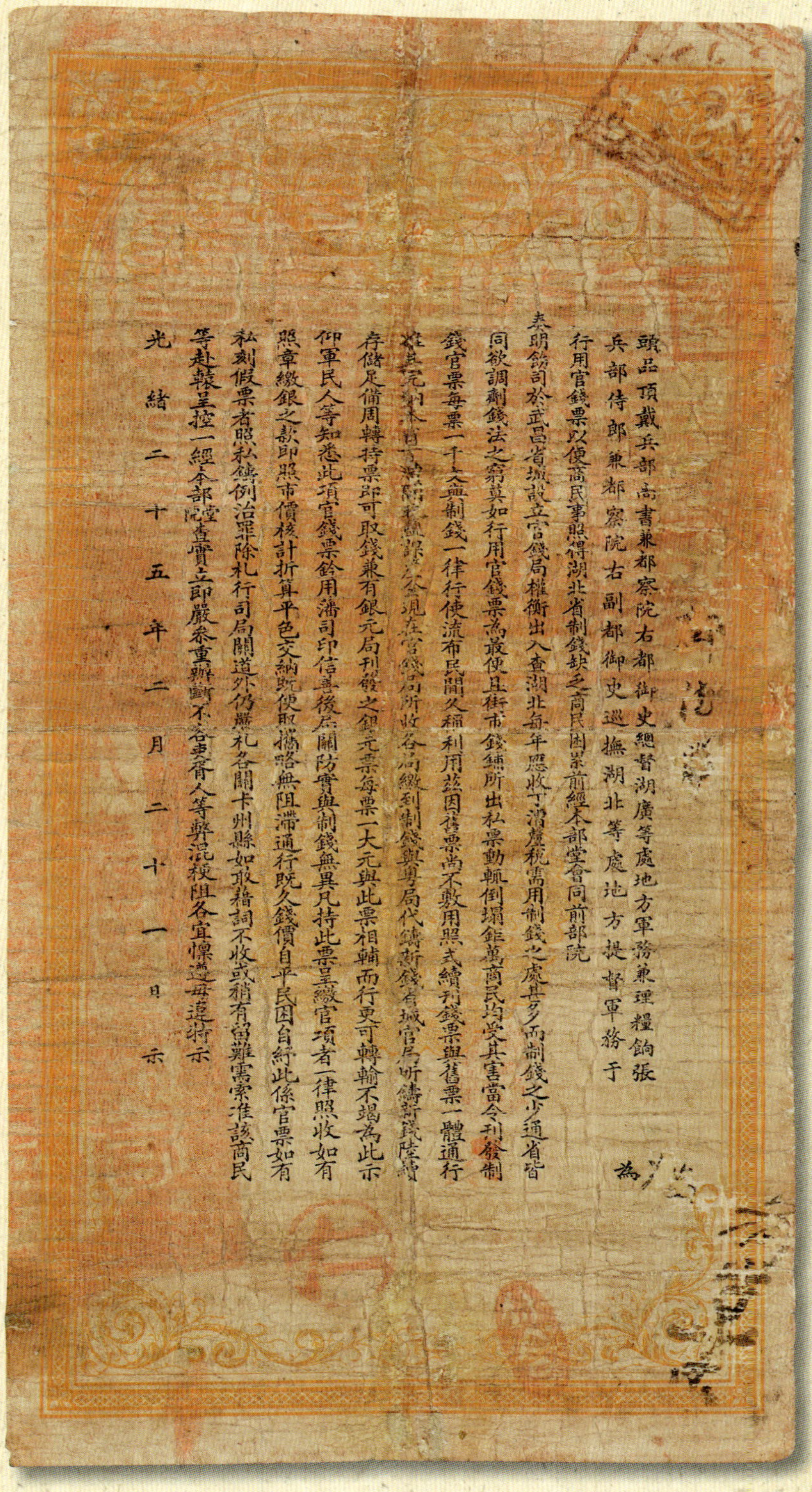
頭品頂戴兵部尚書兼都察院右都御史總督湖廣等處地方軍務兼理糧餉張
兵部侍郎兼都察院右副都御史巡撫湖北等處地方提督軍務于
為
行用官錢票以便商民事照得湖北省制錢缺乏商民困累前經本部堂會同前部院
奏明飭司於武昌省城設立官錢局權衡出入查湖北每年應收丁漕釐稅需用制錢之處甚多而制錢之少通省皆
同欲調劑錢法之窮莫如行用官錢票為最便且街市錢鋪所出私票動輒倒塌鉅萬商民均受其害當今刊發制
錢官票每票一千文無制錢一律行使流布民間久稱利用茲因舊票尚不敷用照式續刊錢票與舊票一體通行
現在官錢局所收各局繳到制錢與寶局代鑄新錢省城官局所鑄新錢陸續
存儲足備周轉持票即可取錢兼有銀元局刊發之銀元票每票一大元與此票相輔而行更可轉輸不竭為此示
仰軍民人等知悉此項官錢票鈐用藩司印信並後局關防實與制錢無異凡持此票呈繳官項者一律照收如有
照章繳銀之款即照市價核計折算平色交納既便取攜略無阻滯通行既久錢價自平民困自紓此係官票如有
私刻假票者照私鑄例治罪除札行司局關道外仍嚴札各關卡州縣如敢藉詞不收或稍有留難需索准該商民
等赴轅呈控一經本部堂院查實立即嚴參重辦斷不容書胥人等弊混稽阻各宜懍遵毋違特示
光緒二十五年二月二十一日示

186. 湖北官钱局光绪二十四年壹串文（背）

长200.00毫米，宽107.00毫米。

187. 湖北银元局光绪元宝 · 银元壹大元（正）

长207.00毫米，宽132.00毫米。

Number
頭品頂戴兵部尚書兼都察院右都御史總督湖廣等處地方軍務兼理糧餉張
兵部侍郎兼都察院右副都御史巡撫湖北等處地方提督軍務于
為
出示曉諭事照得本部堂前經會同前部院
奏明於湖北武昌省城設立銀元局開鑄銀元行用已久工精色足遠近商民稱便現在制錢尤
缺花票累深本部堂院念市面之艱特飭銀元局刊發銀元票每張壹元與官錢局所發錢票相
輔而行按照銀元市價折合銀錢准其完納丁漕關稅鹽課釐金各官項並曉諭當商錢業及
百貨店鋪照官錢票一體行使凡持此票呈繳官項者一律照收欲取用銀元者即赴銀元局
及武漢官錢局一律照發與官錢票之即作現錢無異此係官票如有私刻假票者照私鑄例
治罪除札行司局關道外仍嚴飭各關卡州縣如敢藉詞不收或稍有留難需索准該商民等
赴轅呈控一經本部堂院查實立即嚴參重辦斷不容吏胥人等弊混梗阻各宜懍遵無違特示
光緒二十五年二月二十一日示
7 Mace and 2 Candareens
HU-PEH GOVERNMENT MINT.

187. 湖北银元局光绪元宝·银元壹大元（背）

长207.00毫米，宽132.00毫米。

188. 湖北官钱局光绪三十年银元壹大元（正）
长190.00毫米，宽99.00毫米。

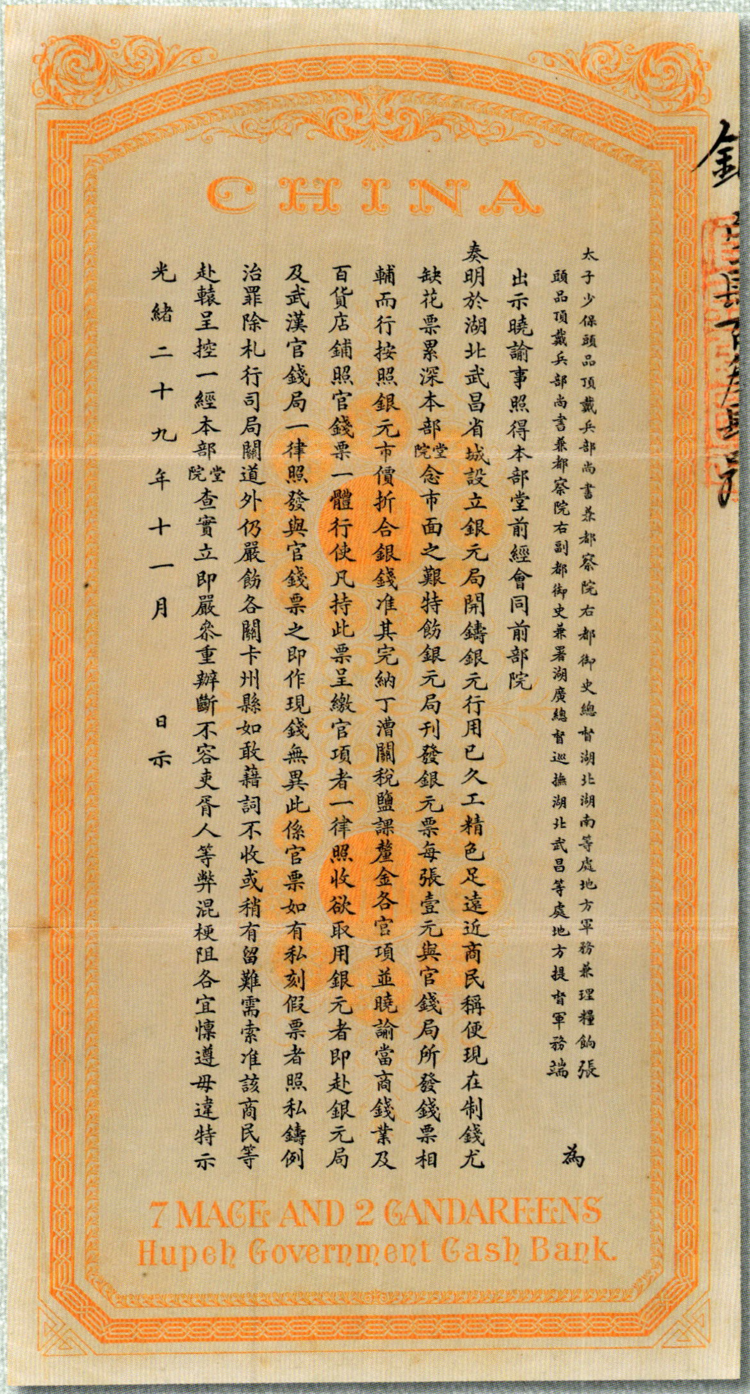
CHINA
太子少保頭品頂戴兵部尚書兼都察院右都御史總督湖北湖南等處地方軍務兼理糧餉張
頭品頂戴兵部尚書兼都察院右副都御史兼署湖廣總督巡撫湖北武昌等處地方提督軍務端　為
出示曉諭事照得本部堂前經會同前部院
奏明於湖北武昌省城設立銀元局開鑄銀元行用已久工精色足遠近商民稱便現在制錢尤
缺花票累深本部堂院念市面之艱特飭銀元局刊發銀元票每張壹元與官錢局所發錢票相
輔而行按照銀元市價折合銀錢准其完納丁漕關稅鹽課釐金各官項並曉諭當商錢業及
百貨店鋪照官錢票一體行使凡持此票呈繳官項者一律照收欲取用銀元者即赴銀元局
及武漢官錢局一律照發與官錢票之即作現錢無異此係官票如有私刻假票者照私鑄例
治罪除札行司局關道外仍嚴飭各關卡州縣如敢藉詞不收或稍有留難需索准該商民等
赴轅呈控一經本部堂院查實立即嚴參重辦斷不容吏胥人等弊混梗阻各宜懔遵毋違特示
光緒二十九年十一月　日示
7 MACE AND 2 CANDAREENS
Hupeh Government Cash Bank.

188. 湖北官钱局光绪三十年银元壹大元（背）

长190.00毫米，宽99.00毫米。

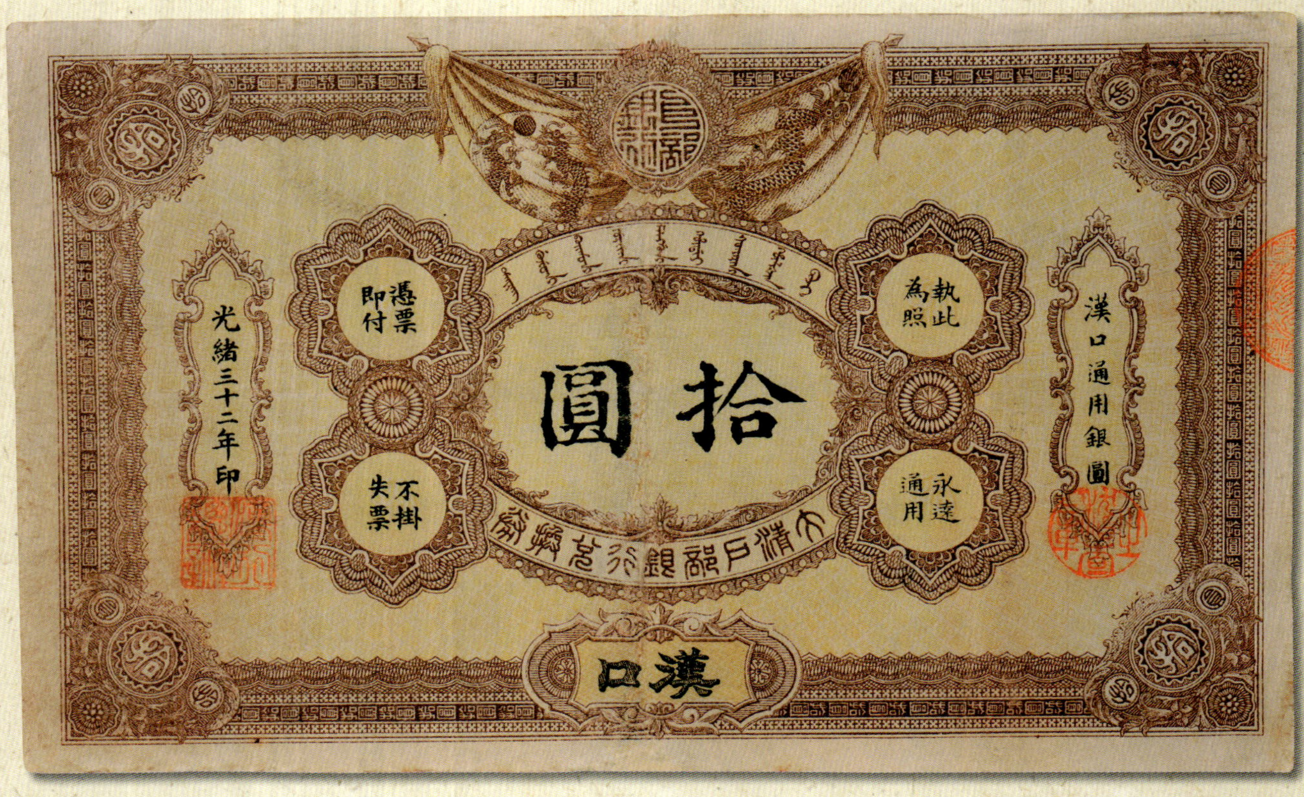

189. 大清户部银行兑换券光绪三十二年拾圆（汉口）

长172.00毫米，宽106.00毫米。

190. 大清银行兑换券光绪三十三年壹圆（汉口）

长128.00毫米，宽78.00毫米。

191. 中华革命军筹饷局中华民国金币券壹拾员

长204.00毫米，宽80.00毫米。

軍事用票
陸軍部發行
中華民國元年元月 日
壹圓
№088789
№088789

Republican Government of China
Military Notes issued by the Ministry of War
陸軍部令
此券准其應完納租稅購買物品凡各省官用公用及一切商業均得流通暫時不兌現銀俟軍事一律平定六個月後由國家銀行兌換如有無知商民藉端阻滯均應按律治罪僞造者以私鑄論此令
中華民國元年元月 日
ONE DOLLAR

192．陆军部发行民国元年壹圆军事用票

长116.00毫米，宽69.00毫米。

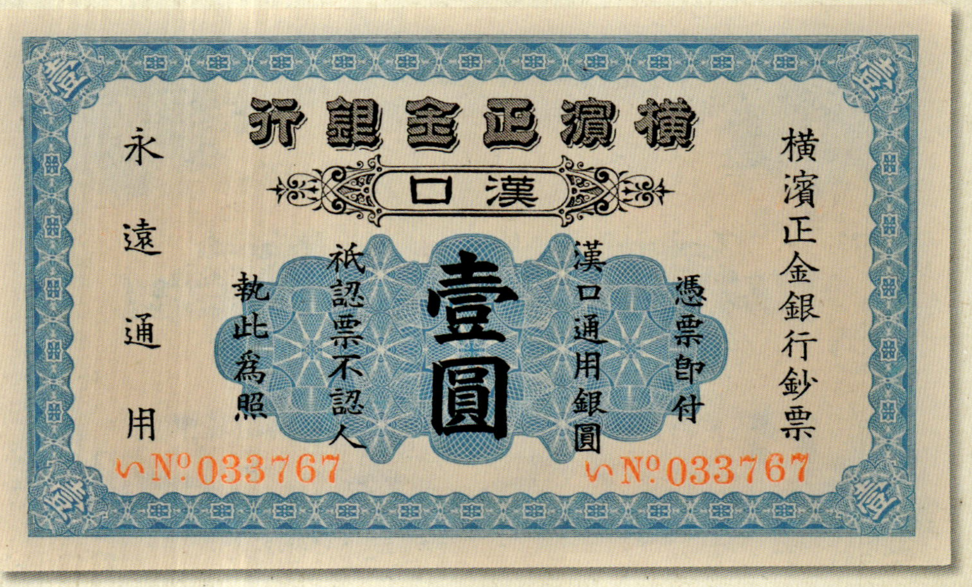

193．横滨正金银行民国六年壹圆（汉口）

长128.00毫米，宽78.00毫米。

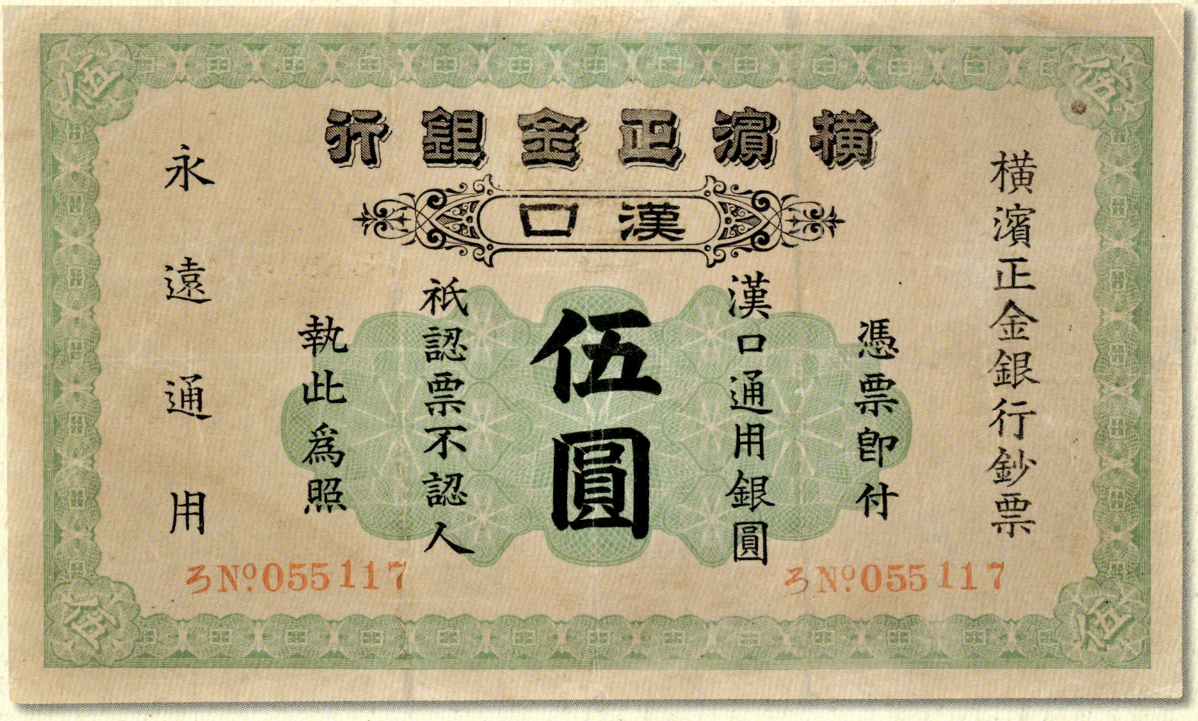

194．横滨正金银行民国六年伍圆（汉口）

长157.00毫米，宽97.00毫米。

195. 横滨正金银行民国六年拾圆（汉口）

长167.00毫米，宽105.00毫米。

196．美商花旗银行民国七年拾圆（汉口）

长186.00毫米，宽111.00毫米。

197. 中国银行民国七年伍元（汉口）

长174.00毫米，宽91.00毫米。

198. 工商银行民国十年壹圆样票（汉口）

长146.00毫米，宽84.00毫米。

199. 工商银行民国十年伍圆样票（汉口）

长170.00毫米，宽92.00毫米。

200．工商银行民国十年拾圆样票（汉口）

长171.00毫米，宽91.00毫米。

201．华比银行民国十年拾圆样票（汉口）

长150.00毫米，宽90.00毫米。

202．大中银行民国十年拾元样票（汉口）

长173.50毫米，宽78.00毫米。

203．广东银行有限公司民国十一年壹圆样票（汉口）

长148.00毫米，宽83.00毫米。

204．农商银行民国十一年壹圆样票（汉口）

长153.00毫米，宽80.50毫米。

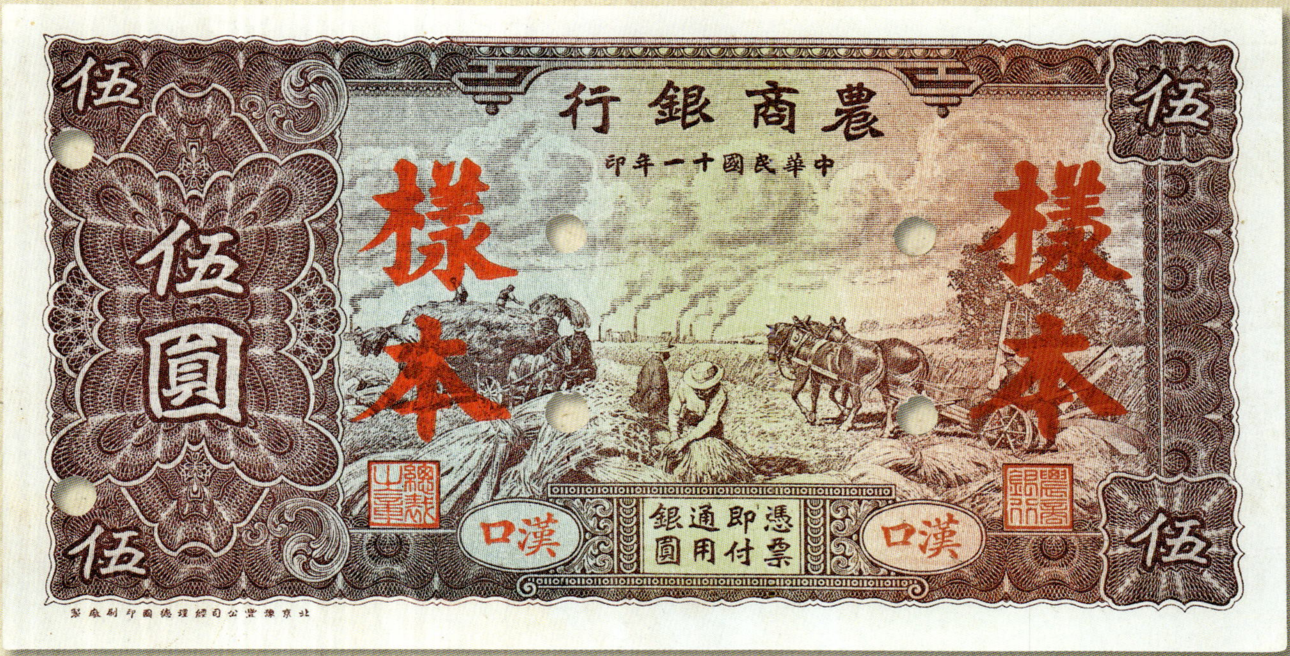

205. 农商银行民国十一年伍圆样票（汉口）

长171.00毫米，宽90.00毫米。

206．农商银行民国十五年壹圆样票（汉口）

长154.00毫米，宽80.00毫米。

207. 农商银行民国十五年伍圆样票（汉口）

长165.50毫米，宽90.50毫米。

208．农商银行民国十五年拾圆样票（汉口）

长173.00毫米，宽94.00毫米。

209．浙江兴业银行民国十二年兑换券壹圆（湖北）

长147.00毫米，宽82.00毫米。

210．交通银行民国十六年拾圆样票（汉口）

长164.00毫米，宽89.00毫米。

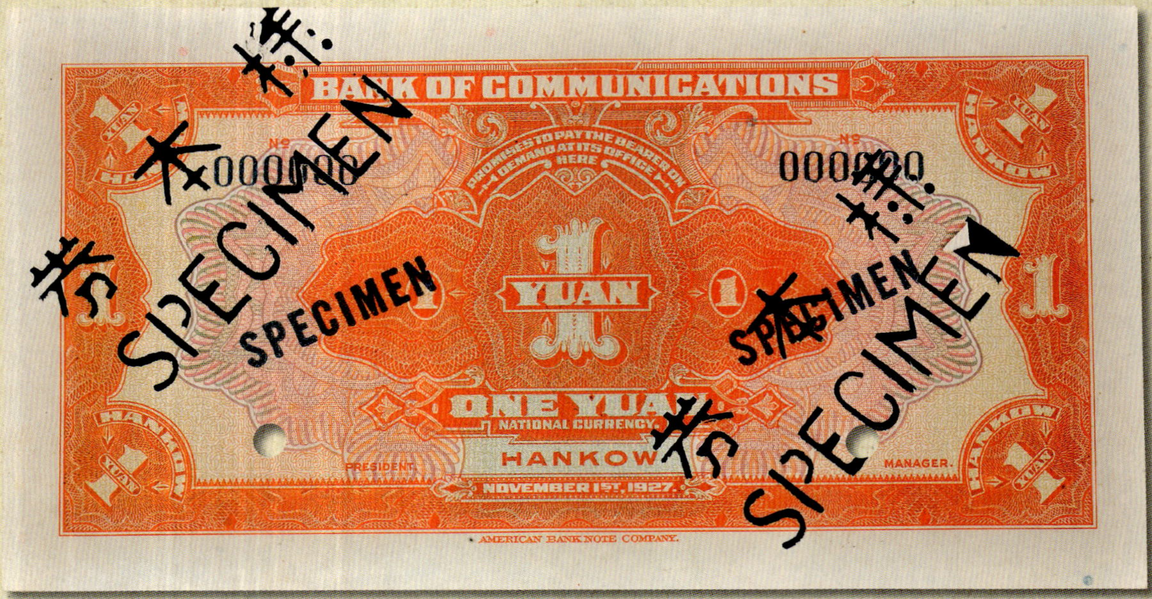

211. 交通银行民国十六年壹圆样票（汉口）

长152.00毫米，宽81.00毫米。

212．香港国民商业储蓄银行民国十三年拾圆（汉口）

长179.00毫米，宽115.00毫米。

213. 中国农工银行民国十六年壹圆政府特准（汉口）

长146.00毫米，宽79.00毫米。

214．中国农工银行民国十六年拾圆样票（汉口）

长170.00毫米，宽93.00毫米。

215．中国农工银行民国二十一年壹角样票（汉口）

长109.00毫米，宽63.00毫米。

216. 中国农工银行民国二十一年贰角样票（汉口）

长112.50毫米，宽65.50毫米。

217. 中国农工银行民国二十一年伍圆样票（汉口）

长158.00毫米，宽84.00毫米。

218．中国农工银行民国二十一年拾圆样票（汉口）

长161.00毫米，宽91.00毫米。

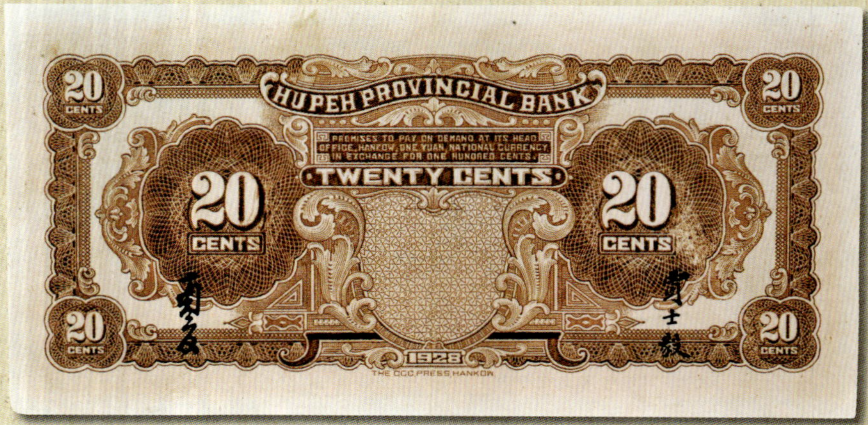

219．湖北省银行民国十七年贰角

长114.00毫米，宽58.00毫米。

220．湖北省银行民国十七年壹角

长98.00毫米，宽53.00毫米。

221．湖北省银行民国二十五年壹角

长98.05毫米，宽54.00毫米。

222. 湖北省银行民国十八年壹圆样票

长138.00毫米，宽72.00毫米。

223．湖北省银行民国十八年伍圆样票

长154.50毫米，宽80.50毫米。

224．湖北省银行民国十八年伍圆（加盖豫鄂皖赣四省农民银行）

长153.00毫米，宽80.00毫米。

225. 湖北省银行民国十八年拾圆样票

长161.00毫米，宽87.50毫米。

226. 湖北省银行民国二十一年伍角（汉口）

长121.00毫米，宽66.00毫米。

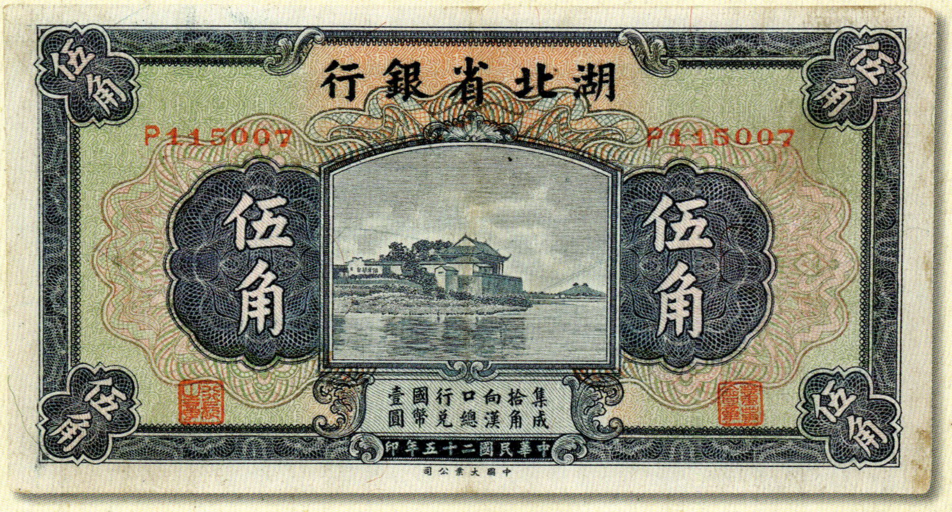

227. 湖北省银行民国二十五年伍角

长124.00毫米，宽68.00毫米。

228. 湖北省银行民国二十九年壹圆样票

长131.50毫米，宽73.00毫米。

湖北省银行伍角纸币铜钞版 5 Jiao Paper Money of Hubei Province the copper bank note board

229．湖北省银行伍角铜钞版（正）

重量2262.20克，长440.00毫米，宽308.00毫米。

229．湖北省银行伍角铜钞版（背）

重量2262.20克，长440.00毫米，宽308.00毫米。

230．湖北省银行民国三十年伍圆

长129.00毫米，宽65.00毫米。

231．中国通商银行民国十八年壹圆样票（汉口）

长142.00毫米，宽75.00毫米。

232. 中国通商银行民国二十一年伍圆样票（汉口）

长152.00毫米，宽82.00毫米。

233. 中国通商银行民国二十一年拾圆样票（汉口）

长156.00毫米，宽90.00毫米。

234. 麦加利银行民国三十五年伍圆（汉口）

长152.00毫米，宽89.00毫米。

235．麦加利银行民国三十五年伍拾圆（汉口）

长200.00毫米，宽115.50毫米。

236．豫鄂皖赣四省农民银行壹角样票

长114.00毫米，宽56.00毫米。

237. 豫鄂皖赣四省农民银行民国二十二年贰角

长116.50毫米，宽63.00毫米。

238．豫鄂皖赣四省农民银行民国二十二年贰角

长116.50毫米，宽61.00毫米。

239. 豫鄂皖赣四省农民银行民国二十二年壹圆样票

长138.00毫米，宽71.00毫米。

240. 中国农民银行民国二十三年壹圆样票

长138.00毫米，宽77.00毫米。

241．中央银行民国十五年壹元（汉口）

长160.00毫米，宽74.00毫米。

242. 中央储备银行民国三十二年伍百圆（武汉）

长183.00毫米，宽96.00毫米。

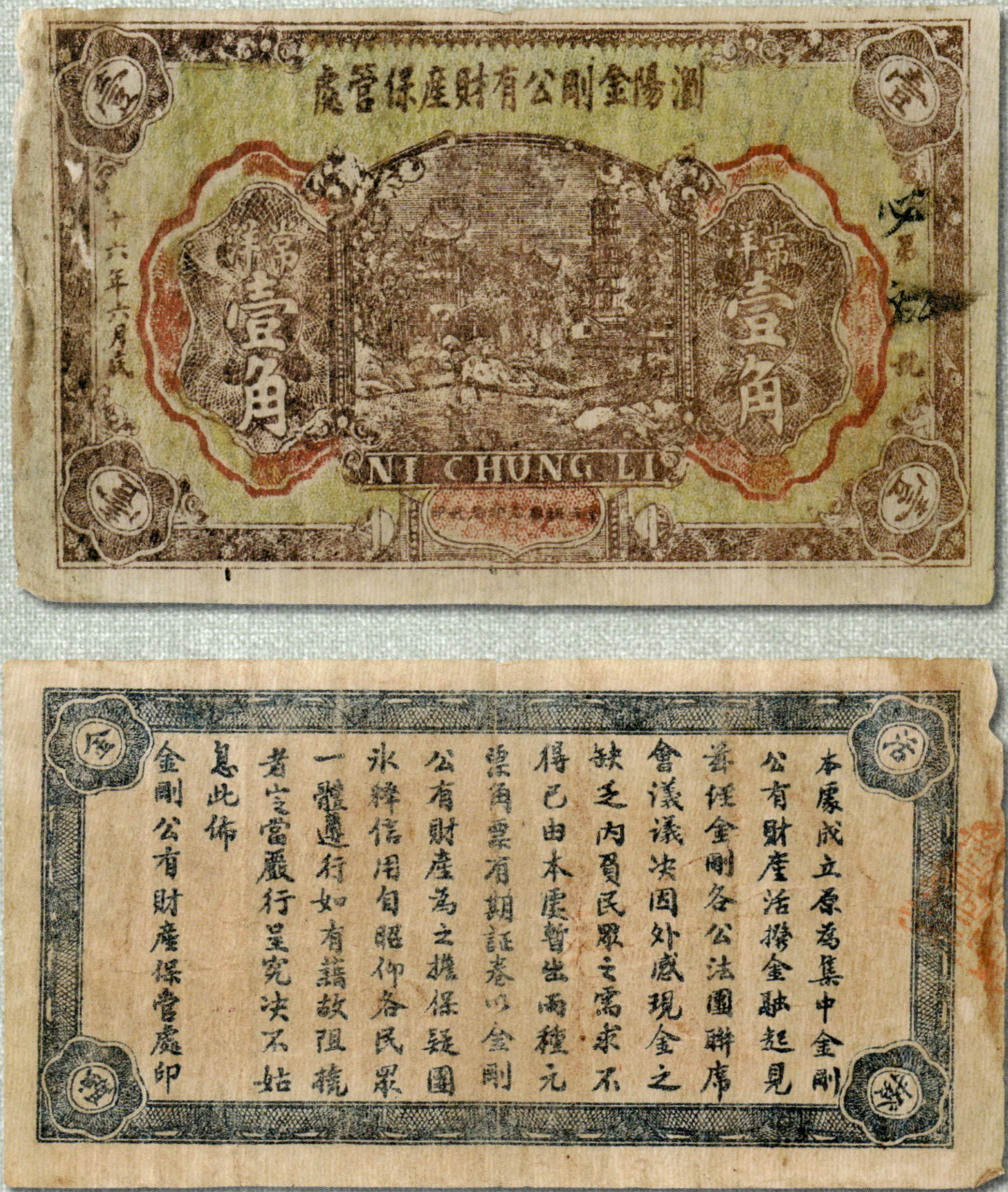
瀏陽金剛公有財產保管處
常洋
壹角
十六年六月底
NI CHUNG LI
本處成立原為集中金剛
公有財產活潑金融起見
茲經金剛各公法團聯席
會議議決因外感現金之
缺乏內負民眾之需求不
得已由本處暫出兩種元
票角票有期証券以金剛
公有財產為之擔保鞏固
永釋信用自昭仰各民眾
一體遵行如有藉故阻撓
者定當嚴行呈究決不姑
息此佈
金剛公有財產保管處印

243．浏阳金刚公有财产保管处民国十六年壹角

长136.00毫米，宽74.50毫米，北伐战争时期，民国十六年六月底。

瀏陽金剛公有財產保管處
常洋
壹角
十六年八月底
NI CHUNG LI

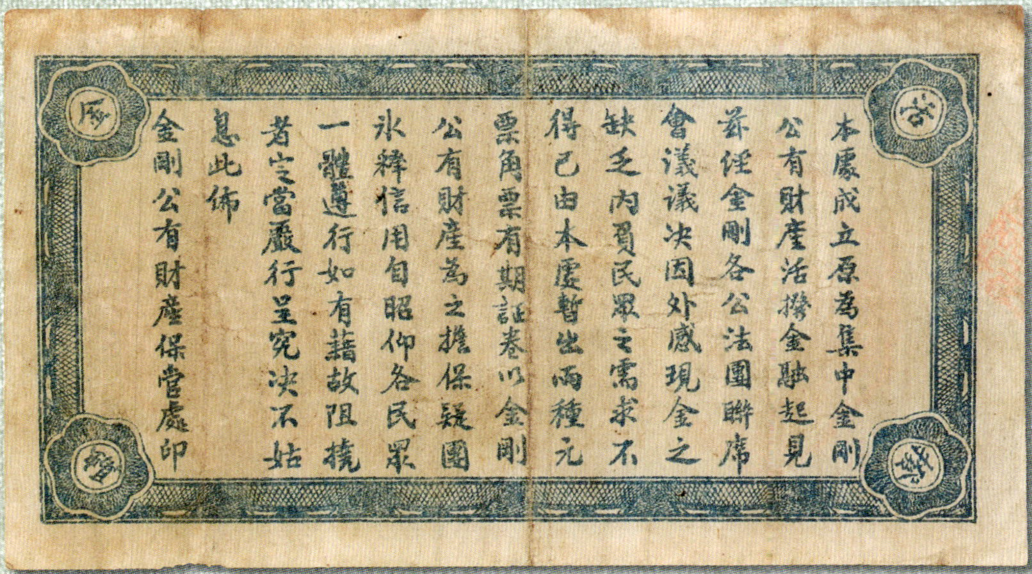
本處成立原為集中金剛
公有財產活潑金融起見
並經金剛各公法團聯席
會議議決因外感現金之
缺乏內顧民眾之需求不
得已由本處暫出兩種元
票角票有期証卷以金剛
公有財產為之擔保疑團
永釋信用自昭仰各民眾
一體遵行如有藉故阻撓
者定當嚴行呈究決不姑
息此佈
金剛公有財產保管處印

244. 浏阳金刚公有财产保管处民国十六年壹角

长136.00毫米，宽78.00毫米，北伐战争时期，民国十六年八月底。

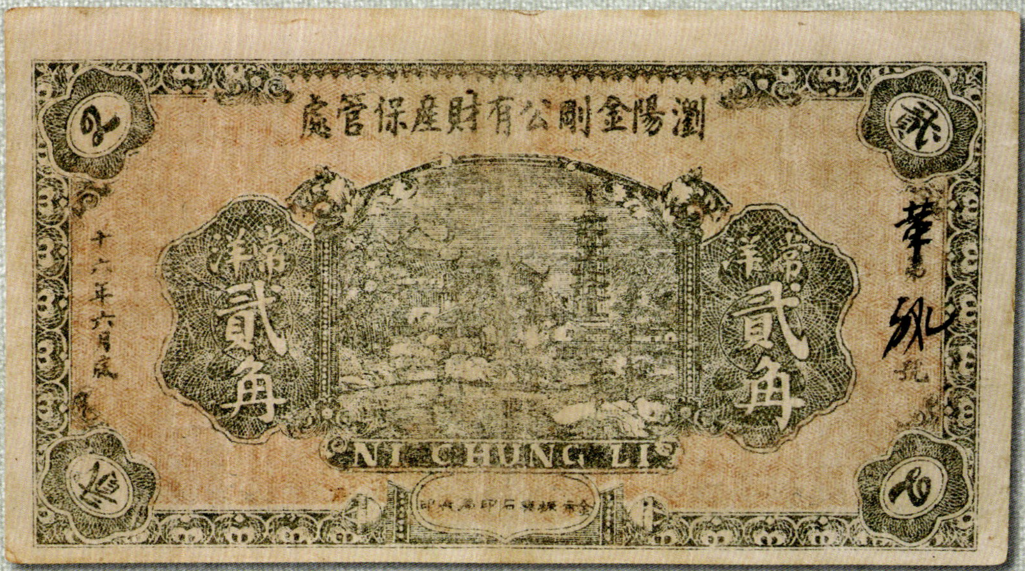
瀏陽金剛公有財產保管處
常洋
貳角
常洋
貳角
十六年六月底
NI CHUNG LI

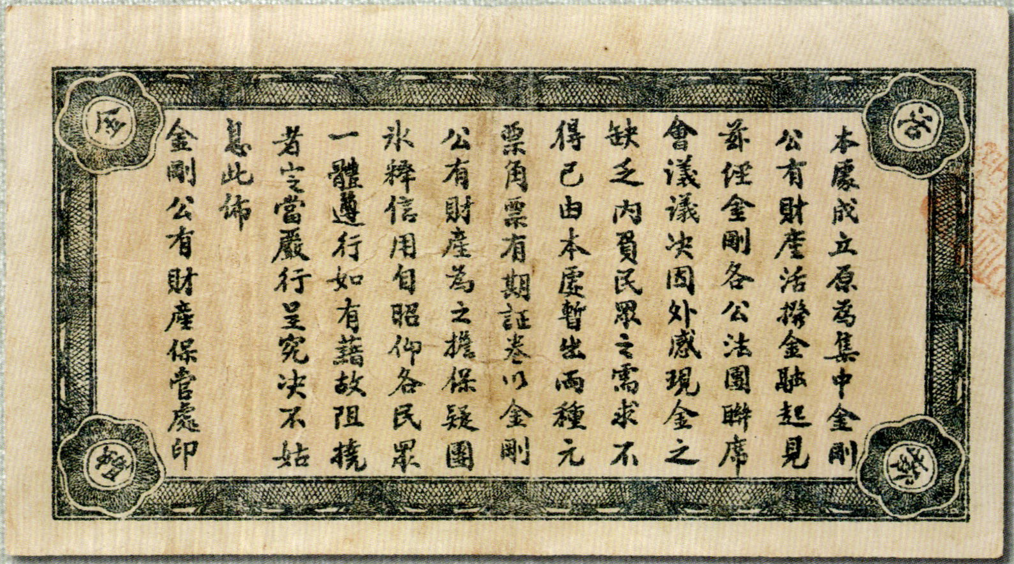
本處成立原為集中金剛
公有財產活潑金融起見
爰經金剛各公法團聯席
會議議決因外感現金之
缺乏內負民眾之需求不
得已由本處暫出兩種元
票角票有期証卷以金剛
公有財產為之擔保疑團
冰釋信用自昭仰各民眾
一體遵行如有藉故阻撓
者定當嚴行呈究決不姑
息此佈
金剛公有財產保管處印

245. 浏阳金刚公有财产保管处民国十六年贰角

长135.00毫米，宽78.00毫米，北伐战争时期，民国十六年六月底。

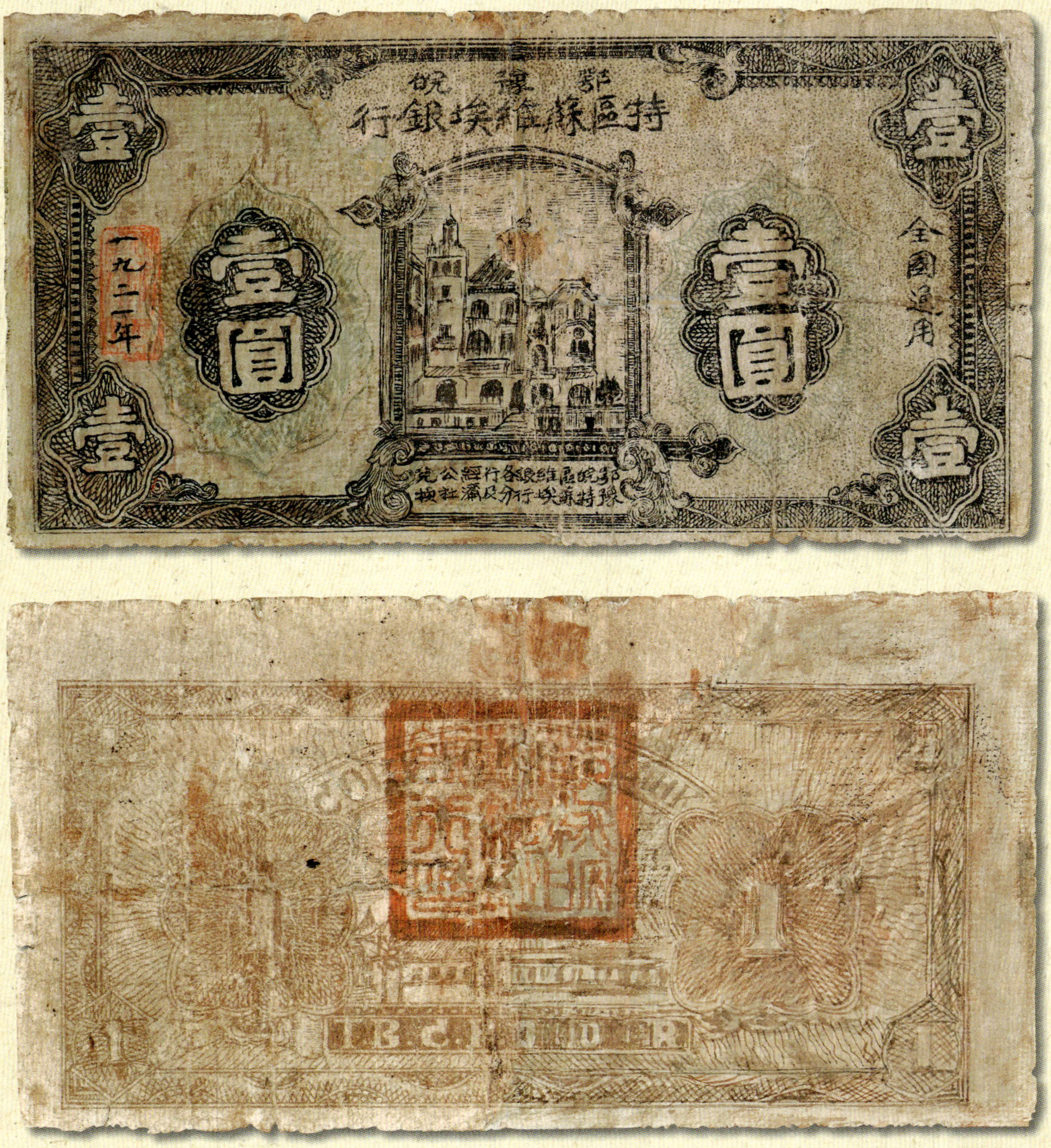

246．鄂豫皖特区苏维埃银行1921年壹圆

长152.00毫米，宽82.00毫米。

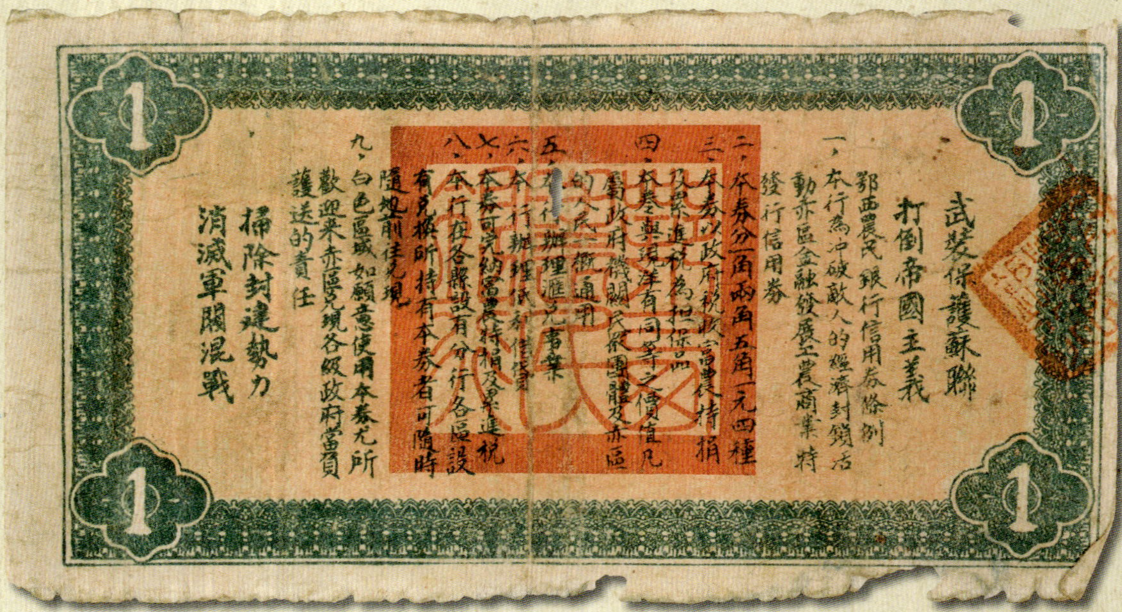

247. 鄂西农民银行1930年壹圆

长148.00毫米，宽82.00毫米。

248. 鄂西农民银行1930年壹圆

长139.00毫米，宽85.00毫米。

249．鄂西农民银行1931年壹角

长83.50毫米，宽42.00毫米。

250．鄂西农民银行1931年壹圆

长154.00毫米，宽81.00毫米。

水利借券
壹圓
湘鄂西省蘇維埃政府發行
一九三一年 月 日
水利是帝國主義國民黨統治下必然的結果
水利整頓徹底才能勝利的蘇維埃只有全國

1
本券条例
一、蘇維埃整頓水利是要動
員廣大羣众為了保証土地革命
的利益，而來踴躍的進行，本券是
為必要的水利經費，只佔整個水利
經費百分之二十。
出售，但不能購買貨物。
湘鄂西省蘇維埃政府

251．湘鄂西省苏维埃政府水利借券1931年壹圆

长131.00毫米，宽76.00毫米。

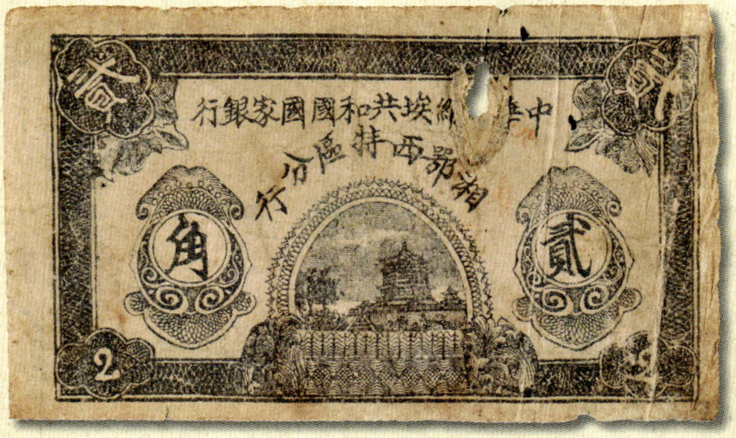

252. 中华苏维埃共和国国家银行湘鄂西特区分行1931年贰角

长95.50毫米，宽58.00毫米。

253. 中华苏维埃共和国国家银行湘鄂西特区分行1931年壹圆

长161.00毫米，宽76.00毫米。

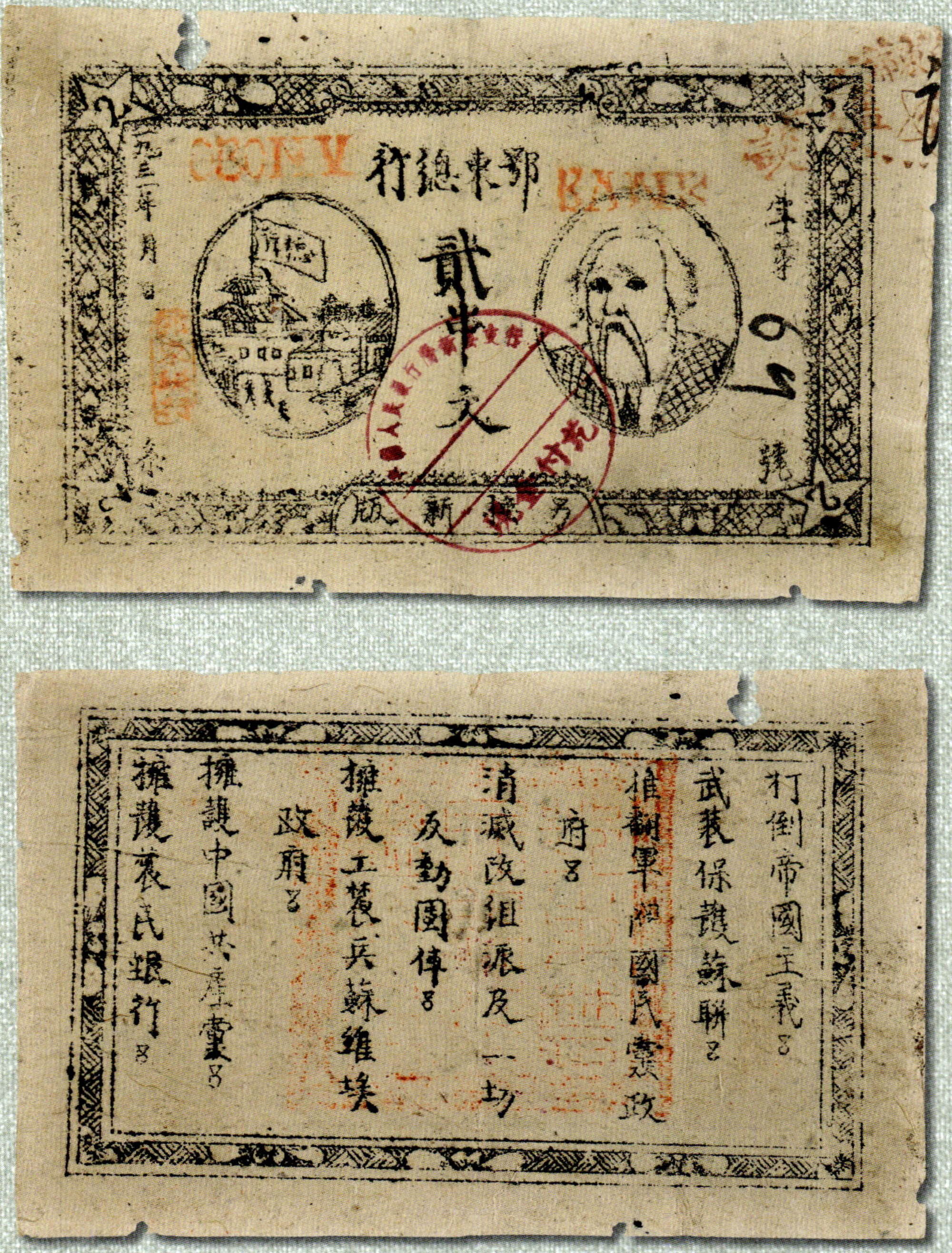
鄂東總行
貳串文
打倒帝國主義
武裝保護蘇聯
推翻軍閥國民黨政府
消滅改組派及一切反動團体
擁護工農兵蘇維埃政府
擁護中國共產黨
擁護農民銀行

254．鄂东总行1931年贰串文

长131.50毫米，宽85.00毫米。

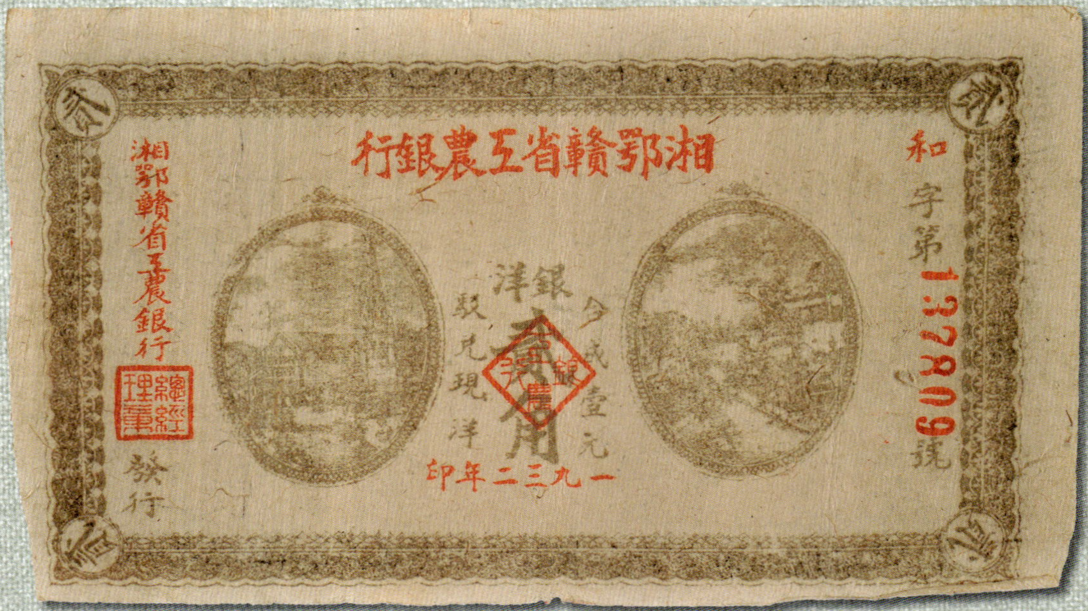
湘鄂贛省工農銀行
和字第1378O9號
洋銀貳角
多成壹元兌現洋
一九三二年印
湘鄂贛省工農銀行
發行

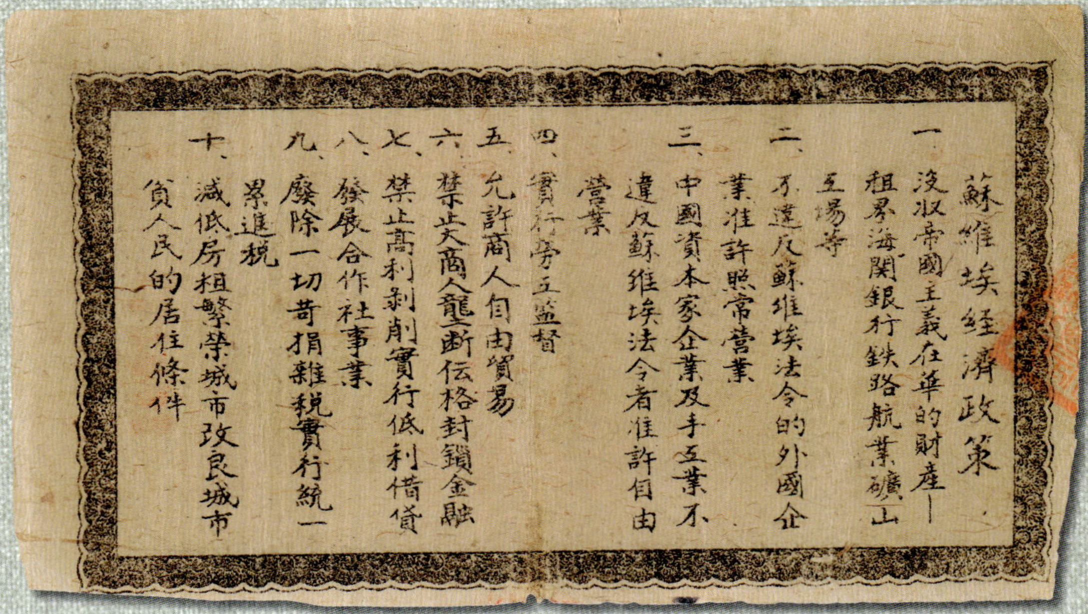
蘇維埃經濟政策
一、沒收帝國主義在華的財產—租界海關銀行鉄路航業礦山工場等
二、不違反蘇維埃法令的外國企業准許照常營業
三、中國資本家企業及手工業不違反蘇維埃法令者准許自由營業
四、實行勞工監督
五、允許商人自由貿易
六、禁止大商人壟斷价格封鎖金融
七、禁止高利剝削實行低利借貸
八、發展合作社事業
九、廢除一切苛捐雜稅實行統一累進稅
十、減低房租繁榮城市改良城市貧人民的居住條件

255．湘鄂赣省工农银行1932年洋银贰角

长143.50毫米，宽83.00毫米。

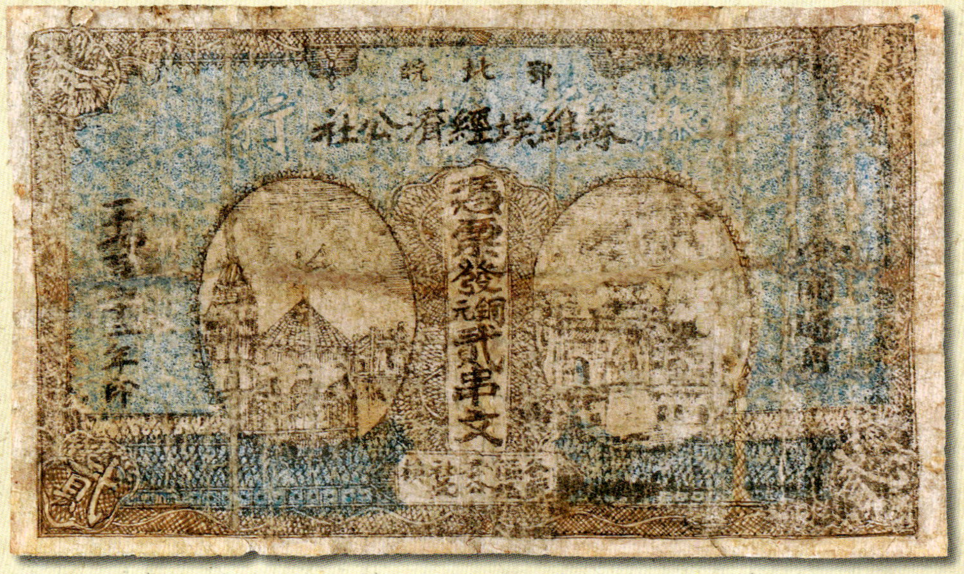

256．鄂北皖苏维埃经济公社1932年铜元贰串文

长125.00毫米，宽76.00毫米。

壹
壹圓
壹圓

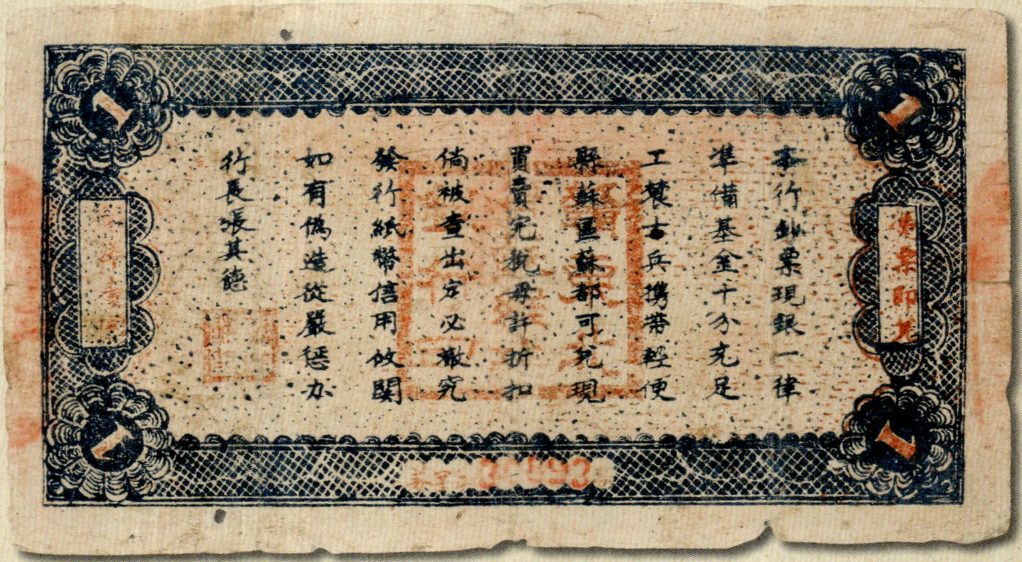
本行鈔票現銀一律
準備基金十分充足
工農士兵携帶輕便
聯蘇區蘇都可兌現
買賣兌换毋許折扣
倘被查出定必撤究
發行紙幣信用攸關
如有偽造從嚴懲办
行長張其德

257．赣东北省苏维埃银行1932年壹圆

长13.40毫米，宽7.60毫米。

258. 川陕省苏维埃政府工农银行1933年叁串

长16.00毫米，宽8.40毫米。

中華蘇維埃共和國川陝省
土地歸農民
政權歸蘇維埃
八小時工作
The Werber and Peasant's Bank
19-34
全世界無產階級聯合起來
堅決保衛赤區

259. 中华苏维埃共和国川陕省工农银行1934年三串

长15.70毫米，宽7.40毫米。

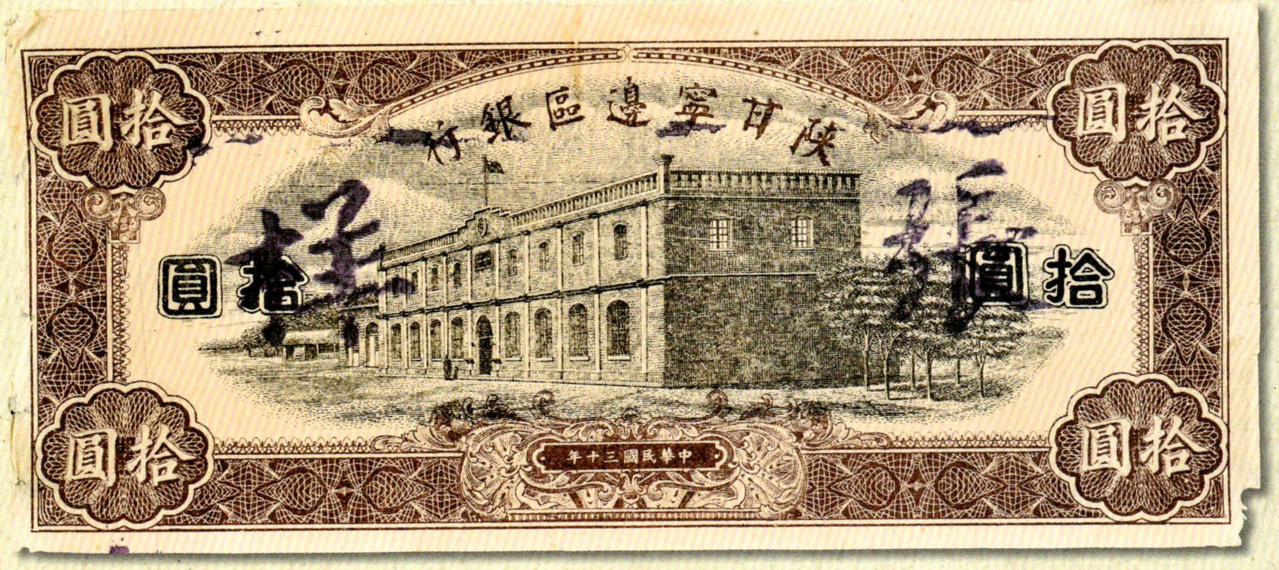

260．陕甘宁边区银行1941年拾圆（样票）

长170.5毫米，宽77毫米。

261．西北农民银行民国三十一年拾圆样票

长157.00毫米，宽79.00毫米。

262. 豫鄂边区建设银行民国三十三年壹千圆

长153.00毫米，宽70.00毫米。

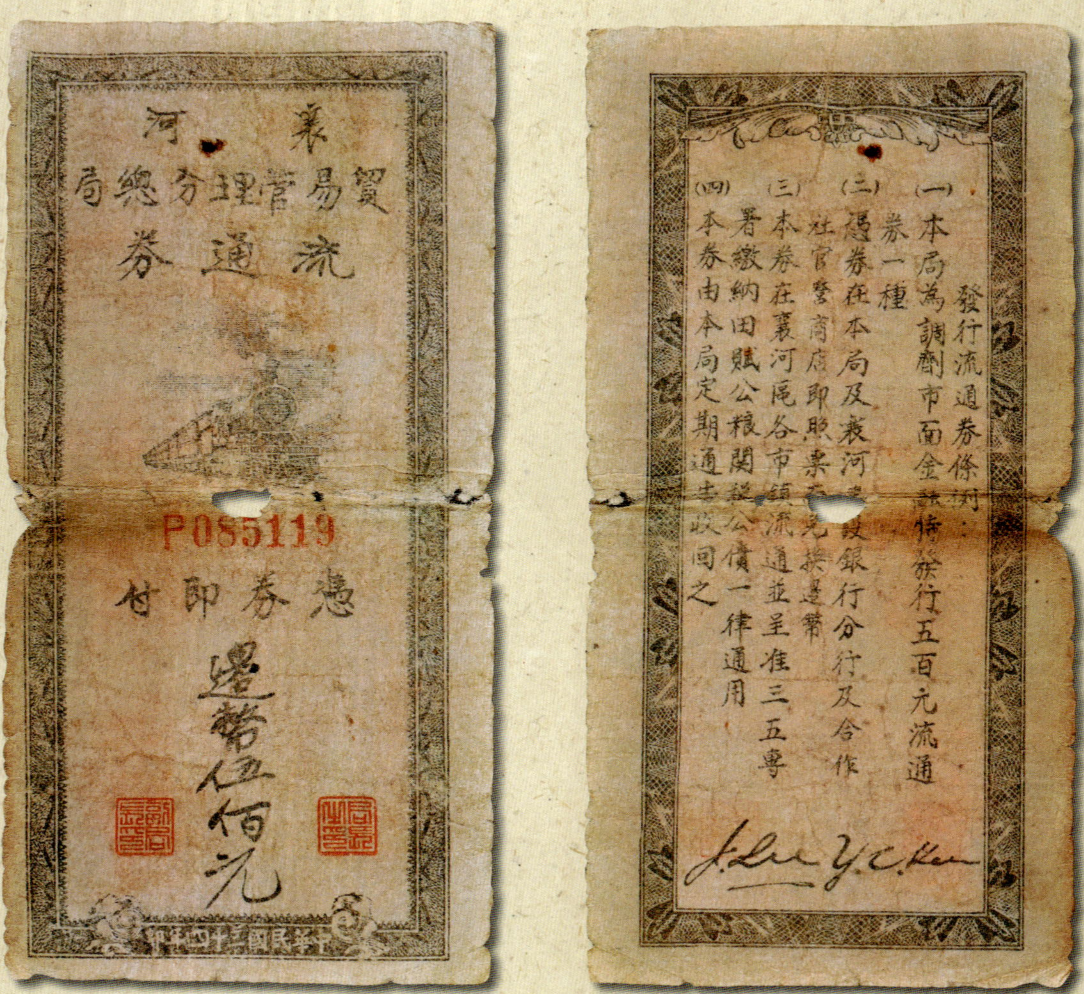

263．襄河贸易管理分总局民国三十四年流通券边币伍佰元

长133.00毫米，宽65.00毫米。

264. 陕甘宁边区银行民国三十五年伍万圆本票（样票）

长167毫米，宽76.00毫米。

265．晋察冀边区银行1947年贰仟圆

长146.50毫米，宽65.00毫米。

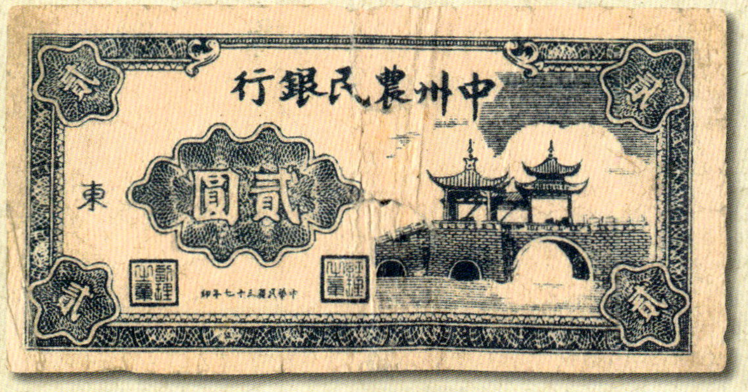

266. 中州农民银行民国三十七年贰圆

长94.00毫米，宽50.00毫米。

267. 北海银行民国三十七年贰仟圆

长128.50毫米，宽53.00毫米。

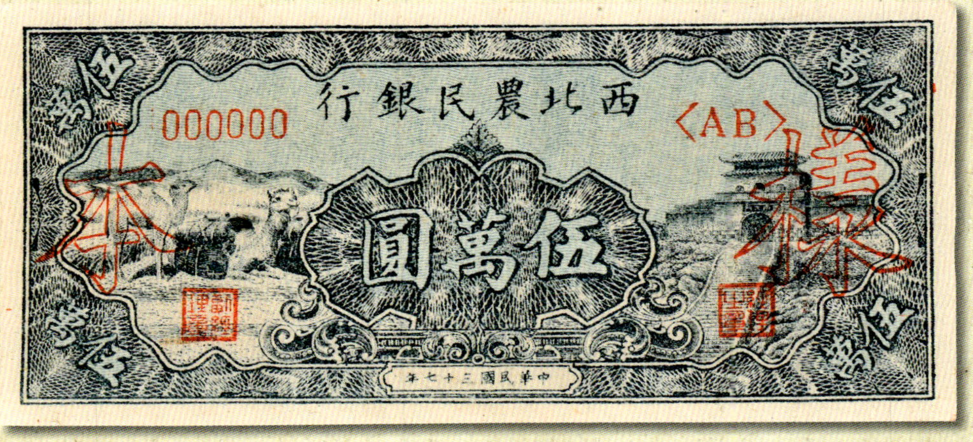

268. 西北农民银行民国三十七年伍万圆（样票）

长127.50毫米，宽59.00毫米。

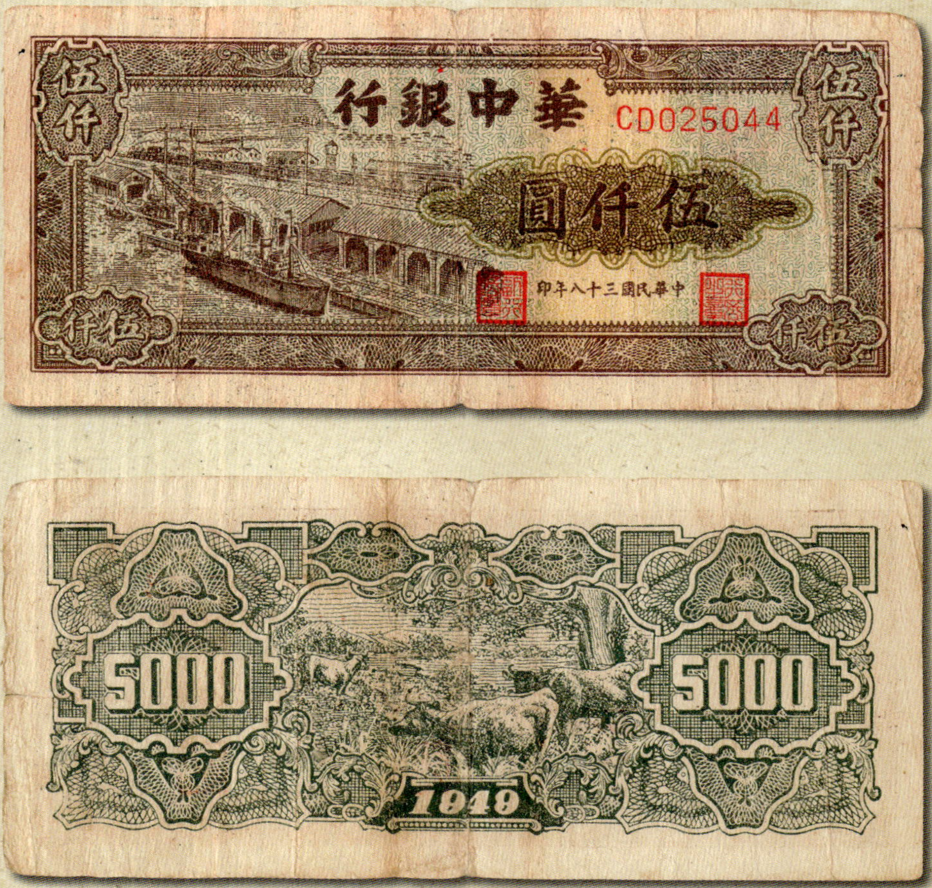

269. 华中银行民国三十八年伍仟圆

长122.50毫米，宽56.00毫米。

270．新疆省银行1949年陆拾亿圆

长140.00毫米，宽62.00毫米。

271．中国人民银行1951年第一版人民币伍佰圆（瞻德城）样票

长134.00毫米，宽70.00毫米。

272．中国人民银行1951年第一版人民币伍仟圆（牧羊）样票

长140.50毫米，宽74.00毫米。

273. 中国人民银行1951年第一版人民币伍仟圆（蒙古包）样票

长140.00毫米，宽75.00毫米。

274．中国人民银行1951年第一版人民币壹万圆（骆驼队）样票

长140.00毫米，宽75.00毫米。

275. 中国人民银行1951年第一版人民币壹万圆（牧马）样票

长140.00毫米，宽74.00毫米。

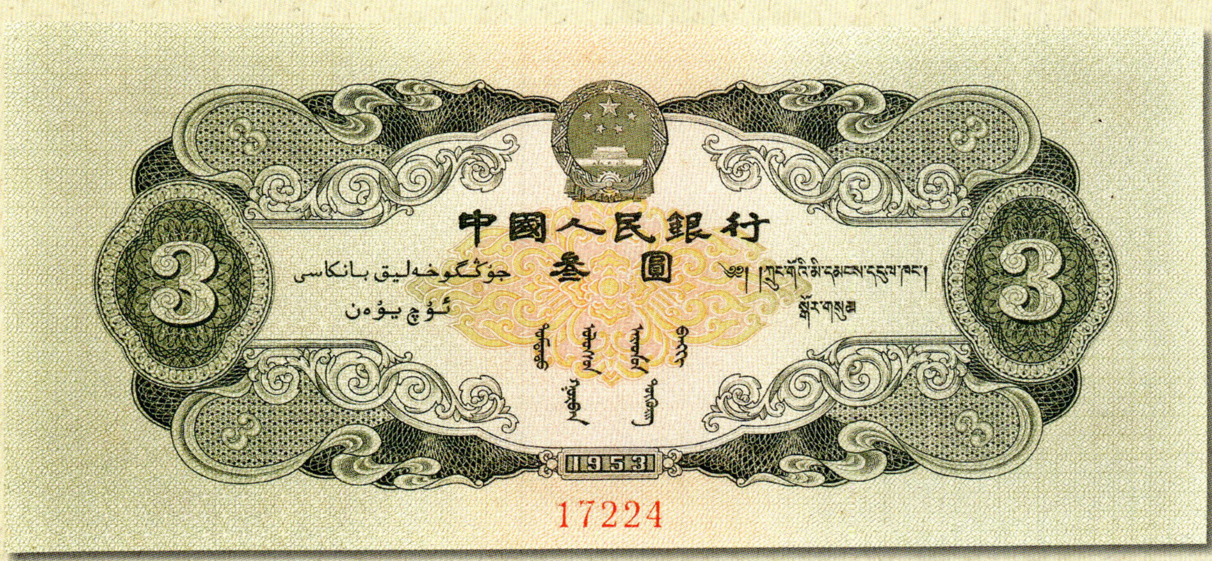

276. 中国人民银行1953年第二版人民币叁圆（井冈山龙源口）样票

长160.00毫米，宽72.50毫米。

277．中国人民银行1953年第二版人民币伍圆（各民族大团结）样票

长161.00毫米，宽70.50毫米。

278. 中国人民银行1953年第二版人民币拾圆（工农像）样票

长210.00毫米，宽85.00毫米。

后 记

值此湖北钱币博物馆开馆十周年之际，我们精选278件馆藏文物，组织力量编辑出版了《湖北钱币博物馆藏品选》。

近年来，湖北钱币博物馆、湖北省钱币学会努力贯彻中国钱币与银行博物馆委员会和中国钱币学会的工作要求，围绕着钱币文化建设这个中心任务，秉承“为金融服务、为社会服务、为会员服务”的办会宗旨，在开展钱币活动、弘扬钱币文化方面较好地完成了工作目标。其中，《湖北钱币博物馆藏品选》的编纂是我们今年的一项重点工作。我们成立了编委会，由中国人民银行武汉分行党委书记、行长、湖北省钱币学会名誉会长殷兴山先生任编委会主任，湖北省钱币学会会长肖作霞女士与中国人民银行武汉分行工会主任、湖北省钱币学会常务副会长刘绍新先生任编委会副主任。中国钱币学会学术委员会委员杨枫先生以及湖北钱币博物馆、湖北省钱币学会张卫星、夏红艳、王静、姜林等共任编委，全书由杨枫先生任总纂稿人。

本书在拍摄、组稿、编辑、校对等工作中得到了来自各方的关注与支持。中国钱币博物馆前馆长戴志强先生、黄锡全先生为本书题词、题字；中国钱币博物馆温克勤党委书记、李明馆长、中国钱币学会学术委员会金德平先生、中国钱币学会王永生副秘书长、杨君处长给予热情指导；湖北省钱币学会理事会张或定先生、李焱胜先生、李邦经先生等为本书提出了许多宝贵意见和建议；湖北省钱币学会秘书处黄晶晶女士、张娜女士对本书的编辑、校对做了许多服务性工作。在此一并表示感谢！

《湖北钱币博物馆藏品选》编委会

2013年12月